© 2022, Buzz Editora
© 2022, Thaís Vilarinho

Publisher ANDERSON CAVALCANTE
Editora TAMIRES VON ATZINGEN
Assistente editorial JOÃO LUCAS Z. KOSCE
Estagiária editorial LETÍCIA SARACINI
Preparação LEANDRO RODRIGUES
Revisão CRISTIANE MARUYAMA
Consultoria textual DALILA MAGARIAN
Projeto gráfico ESTÚDIO GRIFO
Assistente de design NATHALIA NAVARRO
Ilustrações MARIANA LUZ

---

Dados Internacionais de Catalogação na Publicação (CIP)
de acordo com ISBD

---

Vilarinho, Thaís
*Imagina na adolescência* / Thaís Vilarinho
São Paulo: Buzz Editora, 2022.
256 pp.

ISBN 978-65-89623-98-4

1. Mulheres  2. Maternidade  3. Filhos  4. Adolescência
I. Título.

2022-678                    CDD-306.8743 / CDU-392.34

---

Elaborado por Vagner Rodolfo da Silva – CRB-8/9410

Índices para catálogo sistemático:
1. Mulheres: Maternidade 306.8743
2. Mulheres: Maternidade 392.34

Buzz Editora Ltda.
Av. Paulista, 726 – mezanino
CEP: 01310-100 – São Paulo/ SP
[55 11] 4171 2317 | 4171 2318
contato@buzzeditora.com.br
www.buzzeditora.com.br

Thaís Vilarinho

# Imagina na adolescência

Para Ele, que eu sinto conduzir a minha escrita e guiar os meus passos todos os dias.

Para cada pessoa que cruzou o meu caminho com afeto desde quando comecei a escrever sobre maternidade, passando por família, amigos e leitoras. Sem o carinho e o apoio de vocês, eu certamente não seria uma escritora.

Vocês fazem parte de cada palavra escrita, de cada texto finalizado, assim como fazem parte de cada livro publicado.

**Prefácio**
Em defesa da adolescência 09

**Introdução**
Oi, A.D.O.L.E.S.C.Ê.N.C.I.A.
Já por aqui? 13

# 1

siga em frente 15

# 2

atenção no caminho 61

# 3

sentido obrigatório 207

# Prefácio

## Em defesa da adolescência

Certa vez, quando minha filha tinha alguns meses de idade, eu estava no mercado com ela no colo, quando um homem se aproximou e disse: "Quando eles são desse tamanho é bom, depois crescem e perdem a graça". Complementou dizendo que tinha três filhos adolescentes. Pois é, adolescente é um ser malfalado. Não são poucos os comentários que fazem uso do infeliz trocadilho, chamando-os de *aborrescentes* — palavra essa que Thaís pede que não utilizemos.

Seres humanos nascem imaturos para a vida. Por isso, precisamos ser amados, acolhidos, adotados por outro ser humano, sejam eles nossos pais biológicos ou não. Receber amor, na vida humana, é uma questão de vida ou morte. Assim, enquanto criança, uma das primeiras coisas que aprendemos a fazer, desde muito cedo, é nos perguntar sobre o que o outro quer de nós e tentar oferecer. A isso Freud chamou de narcisismo primário. O momento em que a criança, tão adorável, quer oferecer à sua mãe, aos seus pais, à professora, aos cuidadores, aquilo que ela supõe que lhes falta. É beijo para mãe, é abraço para o pai, é flor para a professora, é música para a dinda. Eis a fase da fofura, a primeira infância.

A adolescência, por outro lado, é o avesso. Se tudo correr bem em nosso modo de nos constituir, chegará um tempo em que tomaremos posse do corpo enquanto nosso, não mais enquanto "da mamãe" ou "do papai". Aquela criança agradável desaparece e o adolescente questiona tudo: os pais, a escola, o mundo. Engana-se quem pensa que sai ileso aos questionamentos dos adolescentes. Com frequência, os pais são tocados pelos discursos de destituição do adolescente, revisitam suas próprias adolescências e muitos mudam sua relação com a vida no presente. Não é nada raro que os pais se *adolescentizem* junto com o filho e rivalizem com ele.

Nos melhores casos, os pais atravessam seus reencontros com a adolescência e extraem bons frutos para as suas próprias vidas. Assim, os adolescentes podem "recuperar" seus pais, o que é de extrema importância, porque embora eles muitas vezes façam não parecer, acredite: os adolescentes precisam muito de sua mãe, de seu pai, dos adultos que o amam. Eles não precisam, no entanto, apenas de leis, broncas, lições de moral, aulas e castigos (embora um pouco disso seja, sim, necessário). Mas precisam, sobretudo, de conexão, de respeito, de aposta.

Se os pais, de repente, se veem diante de um estranho, cujo corpo, falas e cheiros não conseguem mais reconhecer, é bom lembrar que os próprios adolescentes experienciam essa estranheza em relação a si mesmos. E perdendo o corpo infantil, a identidade infantil e os pais da infância (tese amplamente difundida por Aberastury e Knobel), o que eles vivenciam é uma experiência de luto. Também os pais deverão elaborar o luto pela perda da criança que tiveram e dos "superpais" que eles foram para o seu filho, ou, ao menos, que o filho os fez acreditar terem sido. Se, na primeira infância, a criança coloca mãe e pai num pedestal, na adolescência eles são lançados ao subsolo.

Neste livro, Thaís escreve com sua costumeira delicadeza e bom humor sobre a alegria que ela encontra (não sem muitos perrengues) ao abrir mão da posição de mãe-maravilhosa-super-*cool*-de-adolescente para a mãe-à-la-dona-Hermínia que acaba por se tornar, à medida que topa consentir com as brechas que os filhos abrem para crescer.

Além de ser um livro sobre maternidade, *Imagina na adolescência* é também um livro sobre feminilidade, uma vez que Thaís escreve com alegria sobre o processo de amadurecer, e, por que não, de envelhecer. Tornar-se mãe de adolescentes é poder envelhecer, é dar espaço para as novas gerações, é assumir que em certos momentos ficamos para trás.

Ainda assim, muitas vezes, embora uma mãe não seja amiga, como a autora nos adverte, por vezes ela se faz parceira dos filhos. Como parceira dos pais, Thaís nos oferece até mesmo um dicionário dos *WhatsApp adolê*.

Para além disso, generosa como é, Thaís se dispõe a aprender com outros pais e mães, a quem oferece preciosos e emocionantes espaços de interlocução, a fim de tratar diversas nuances da maternidade adolescente.

*Imagina na adolescência* é um livro para a gente poder rir do nosso processo de envelhecimento, para a gente lembrar que os filhos nos ensinam sobre a vida, para a gente assimilar que, definitivamente, filhos não são as "nossas melhores versões". Eles são outras pessoas!

**ANA SUY**
Psicanalista e escritora

# Introdução

## Oi, A.D.O.L.E.S.C.Ê.N.C.I.A.
## Já por aqui?

Ninguém avisa não, viu? Nada. Acontece rápido. De um momento para o outro. Os traços mudam num piscar de olhos. A voz engrossa. A pele... aquela lisinha, sabe? Muda. De repente, eu tenho um exemplar de adolescente dentro de casa. Como assim, gente? Cadê o aviso? O alerta piscando em neon colorido?

De repente, a porta do quarto fica mais tempo fechada. Os fones de ouvido, grudados nas orelhas. O som alto passa a fazer parte da hora do banho. E o quarto? Não tenho nem palavras para descrever o quarto...

De repente, batidas de porta, hormônios bombando em um *looping* de emoções, somados a uma mãe que tenta administrar tudo isso.

De repente, cinema sozinho com amigos (leia-se: "Mãe, não ouse me esperar na porta".). Convites para festinhas (leia-se "rolês") que nos põem em uma espécie de encruzilhada: deixamos ou não?

De repente, conversinhas amorosas no WhatsApp. Amigos que você tem vontade de que morem na sua casa de tão queridos, outros que você pede a Deus que se mudem para o Japão.

De repente, um rapaz que ainda é o meu menino, aquele que chamava por "mami" na adaptação da escola, questiona sobre coisas que pensei ainda estarem longe de ser discutidas.

Eu? Sigo caminhando. Dando um passo para a frente e, às vezes, 84 para trás. Não paro. Sigo na retaguarda, no limite, nas orientações tão necessárias (que ele considera um completo e total exagero) nesta fase.

Por aqui, estou começando a sentir na pele a tal da história da "mãe desnecessária". Lembra? No entanto, esse era o plano. Certo?

**1** SIGA EM FRENTE

# Afaste as nuvens

Será que a gente consegue distinguir sofrimento de alegria? A parte boa e a parte difícil? Será que temos clareza sobre o que estamos vivendo?

Às vezes, acho que não. Tem dias em que passa batido. A gente não diferencia. Vira uma bagunça dentro da gente, uma bagunça que nos atropela. Aí vem outro dia, uma semana que vira outra, que logo vira um mês, e seguimos no automático, sem conseguir mudar as lentes.

Falo por mim. Falo de dias que vivi. De situações por que passei.

O puerpério é difícil, a privação de sono é f@-da! Mas, nessa mesma época, eu tinha um bebezinho em casa e amava tê-lo no colo, ficar agarrada a ele.

A época dos dois anos (que alguém nomeou de *terrible two*) é tensa. Desafiadora. Abusa do nosso emocional, isso é fato. Mas é nessa fase que eles estão descobrindo o mundo, que falam palavrinhas erradas e coisas fofas. É a época em que eles têm bochechas redondas e o sorriso cheio de dentinhos minúsculos. E o principal: sentem-se no céu ao se aconchegaram no nosso colo.

Aos cinco anos, eles já estão na escola aprendendo a ler e a escrever. É uma fase que demanda muito de nossa paciência. "Respirar no saquinho" vira questão de sobrevivência. É aí, no entanto, que começamos a ver a personalidade deles despontando, e eu não consigo explicar o quanto isso é emocionante.

Aos doze anos, eles entram na adolescência. Batem a porta do quarto, acham "um mico" quando a mãe aparece na porta da escola. Mas nessa fase também é uma delícia trocar ideia com eles. Falar besteiras (e não parar de rir), até conversar sobre assuntos profundos. É gratificante enxergar que a educação que estamos dando faz efeito.

Percebe o que estou querendo dizer?

O problema é que muitas vezes a lente para o que temos de bom embaça – e a vida acaba pesando. Isso nos entristece. Nos cega. Sem perceber, a gente acaba na escuridão, quando ali, bem diante de nosso nariz, se nos concentrarmos e afastarmos as nuvens, temos um céu azul inteirinho, esperando para ser contemplado.

Lá na frente, a gente se esquece completamente da parte nebulosa, parece até amnésia. Por isso, procure encontrar ao menos uma pontinha de céu azul, mesmo que em meio às nuvens. Sabe por quê? É ali que moram as memórias inesquecíveis.

## No caminho...

Depois da primeira infância, eles não são mais tão *fofinhos*. Não solicitam quase nunca o nosso colo. Depois da primeira infância, eles falam coisas que podem nos machucar e começam a achar bem legal os momentos em que não estamos por perto.

O tempo passa e as coisas tendem a se agravar. Tanto na questão do fofinho (o que é óbvio) quanto nas palavras que machucam, sem falar dessa vontade que eles têm de passar mais e mais momentos longe de nós. Sinto muito se lhe causei algum sentimento ruim, mas é assim que acontece.

Isso tudo é perigoso. Perigoso porque, de uma forma ou de outra, faz a gente ficar saudosista do tempo que passou. Deles pequenos e fofinhos, loucos pelo nosso colo. Só que, se cairmos nessa armadilha, acabamos nos magoando e nos afastando deles.

Se caímos na armadilha, esquecemos que é justamente nessa fase, quando eles não nos querem por perto, que devemos estar ainda mais presentes. Mais do que nunca. Veja bem: não me refiro a estar presente fisicamente. Eles não só podem como devem passar mais e mais tempo sem a gente. É o natural. A presença a que me refiro é a chamada "conexão". Estar por dentro da vida deles. Mais do que nunca, eles precisam da nossa orientação.

Nas palavras que por vezes nos machucam, podemos encontrar um sinal de alerta de que as coisas também não estão fáceis para eles. A partir disso, devemos entender quem cuida de quem, assumir a responsabilidade e seguir em frente.

É o menino crescido ou a menina crescida, aquele ou aquela que limpa o rosto quando você beija... que está vivendo a fase em que mais precisa de afeto e paciência.

Eu ouço muitas mães dizendo que, após a primeira infância, os filhos ficam tão chatos que nem parecem mais os mesmos filhos. Eu me incluo nessa reclamação.

No entanto, garanto que o nível da chatice do seu filho é igual à necessidade que ele tem do seu olhar, da sua atenção. Mesmo que ele diga o contrário. Aposto que ele precisa muito mais de você agora do que na época em que ele era um bebê fofinho, quando o seu colo era o abrigo para qualquer desconforto.

# Não vale

Eu, aqui do futuro, garanto que não vale. Definitivamente, não vale.

Não vale o esforço insano da busca, fadada ao fracasso, de ticar todos os itens da lista para ser uma mãe máster, *blaster*, f@...da, fada sensata ou politicamente correta.

Não vale! Definitivamente, não vale se espremer em caixas que não conversam com seu coração nem com sua realidade.

Não vale (e chega a ser infantil) querer seguir um manual para lidar com a infinidade subjetiva e maravilhosa que existe na relação entre você e outro ser humano.

Não vale: nada, absolutamente nada que não contemple a sua naturalidade, identidade, autenticidade, a sua essência.

Nada que a esprema, que a aperte, que não lhe caiba.

Nossa geração é tão controversa... Temos um mar de informação e praticidades. Mas, em vez de somar tudo isso à nossa humanidade e às nossas particularidades a fim de facilitar a vida, temos o péssimo hábito de nos sobrecarregar ainda mais. Parece que estamos sempre em dívida. Acabamos agindo como robozinhos programados, buscando um único, um mísero caminho como o *certo* (a propósito: certo para quem?).

O que vale é você buscar o seu possível e jamais gastar sola de sapato correndo atrás da perfeição.

*O que vale mesmo*, o que vai fazer a diferença, não está em nenhum manual. Sabe por quê? Porque está dentro de você!

# Desnecessária

Sem sombra de dúvidas, um dia eu quero me tornar desnecessária para os meus filhos.

Tem gente que acha que a palavra *desnecessária* não combina com maternidade. Certa vez, quando toquei no assunto, falaram até em desamor. Mas tenho para mim que é o contrário.

Querer ser desnecessária é amor. O mais genuíno de todos. É livre e libertador, como um amor de verdade deve ser.

Não é fácil achar a medida. A gente aprende a dosar durante o caminho. É todo dia tirar a superproteção daqui e jogar lá para longe. É todo santo dia afastar o sentimento de posse e ir entregando os filhos para o mundo aos pouquinhos.

É largar a roupa suja no chão quando você já falou para colocar no cesto, é deixar ir dormir na casa do amigo e ensinar a arrumar a cama. É ensinar a pedir o que quer comer no restaurante. É dar o dinheiro e ficar observando de longe o filho comprar o próprio sorvete na praia. É incentivar o ingresso dele no curso que ele escolher, mesmo sabendo que para isso ele terá que morar bem longe.

É sempre buscar a dosagem exata de proteção, uma dose que lá na frente não cause dependência. É dar alicerce para que as pernas deles sejam suficientemente fortes para caminhar sozinhas em uma medida que faça com que o coração deles seja abastecido de autoconfiança.

Isso não tem nada a ver com não estar de braços e ouvidos abertos quando os filhos forem adultos. Muito pelo contrário: é ser o melhor abraço, a melhor escuta. Trata-se apenas de deixar que vivam a vida deles.

Querer se tornar desnecessária é querer ver a independência do filho sendo adquirida ao longo dos anos, com a certeza de que você fez um bom trabalho. É aceitar o fato mais natural da vida, e ao mesmo tempo o mais difícil para uma mãe: nós não somos eternas.

# Liberdade ou falta de limite?

Hoje existem várias linhas de educação. São muitos livros e *n* formas de se educar um ser humano. Temos inúmeros tipos de escola, com centenas de metodologias diferentes.

Diariamente escutamos e lemos sobre o quanto é importante criar crianças livres, que saibam se defender e dizer o que sentem. Pais devem conversar e explicar tudo demasiadamente para os filhos, não se deve gritar...

Liberdade! Essa é a bola da vez. Isso é incrível, é maravilhoso. Tenho a sensação, no entanto, de que tanta informação às vezes gera confusão em relação ao que a palavra *liberdade* de fato significa.

Entre uma criança livre e uma sem limite existe um oceano inteirinho. Sim, são extremos opostos. Mas, quando as famílias são massacradas com inúmeros conteúdos impositivos, podem acabar ficando cegas para a diferença. E a consequência disso é que os pais às vezes interpretam a falta de limite e o autoritarismo da criança como algo positivo.

"Ah, ele vai ser um ótimo líder, quer mandar em todo mundo."

É exatamente aí que reside a armadilha. O perigo está na validação, por parte dos pais, de sentimentos que surgem em decorrência da falta de limites. Essa atitude pode influenciar negativamente a formação do caráter e a educação da criança.

Uma criança que não conhece limites não é livre, é o contrário: ela é presa, agarrada e amarrada às suas vontades. Na grande maioria das vezes, foi muito mimada e acabou se tornando insegura.

Limite é segurança, afeto, amor. Limites geram autonomia, e autonomia gera liberdade.

Crianças verdadeiramente livres sabem argumentar, mas também sabem respeitar. Podem até não concordar com alguma regra, mas saberão conversar com os pais a esse respeito.

Por isso, se você está aí como eu, afogada por tantas metodologias e regras sobre como educar, e vez ou outra se sente perdida, pode apostar: o seu *feeling*, somado ao seu bom senso, dá de dez a zero em qualquer regra sobre educação.

Afinal, quem conhece melhor o seu filho do que você?

E, veja, pode até soar contraditório, mas acredite: liberdade também é limite.

# Simples de entender

Eu sempre digo a eles:

"A coisa é simples. Toda energia boa ou ruim que a gente emana para alguém retorna em algum momento."

Não é difícil de entender. Lógica pura.

Meu filho está com questões não resolvidas com um colega. Reclama. Chora. Sente raiva. Grita, contando as coisas que acontecem.

Eu acolho, escuto cada detalhe e, como mãe, tento orientá-lo para que lide com aquilo da melhor forma.

Eu sempre digo a eles:

"Ser bom é diferente de ser bobo. Saber se posicionar e se defender é essencial, mas saber respirar e ponderar também é fundamental".

Preciso desabafar com vocês. Essa missão de orientar nem de longe tem sido fácil. Ele questiona tudo o que eu digo. Fica bravo comigo e diz que eu, que sou mãe dele, estou defendendo o colega.

E não é nada disso. Sabe o que é?

Toda história tem dois lados e eu definitivamente não sou mãe de passar a mão na cabeça dos filhos e defendê-los a qualquer custo. Muito pelo contrário. Luto, suo para não criar vítimas, e sim protagonistas da própria vida.

Por isso, tento fazer ele enxergar o colega com outros olhos. Eu o estimulo a tentar conversar, tentar resolver o problema na medida do possível. Tento mostrar que todo mundo tem qualidades e defeitos. Ninguém é 100% bom ou ruim. Nem ele.

Um dia, ele estava muito incomodado e não parava de falar no assunto. Eu já não aguentava mais ouvir sobre aquilo. Sabe quando parece que uma coisa não tem solução? Então, na hora da oração, eu perguntei:

"Você reza para o seu colega?",

Ele respondeu: "Não, mãe, nunca! Eu estou com raiva dele".

Respondi: "Então... por isso mesmo! Que tal tentar?".

Ele retrucou: "Ah, tá bom", com a expressão ainda amarrada e os braços cruzados.

Aos poucos, soltou os braços e rezou. Pediu pelo colega. Assim que terminou, antes do beijo de boa noite, disse: "Gostei de rezar para ele. Eu me sinto bem melhor".

"Aposto que ele também se sente melhor, filho."

# Eu, homem,
## não sabia o que era cuidar

RAFAEL STEIN

"Chegou a hora de pedir para a sua esposa escrever cartas à sua filha. Ela é uma menina, mas um dia, ficará 'mocinha' e não terá a mãe por perto", disse Adriana, enfermeira que cuidou da minha esposa no fim de sua vida no hospital.

Foi assim que eu me vi, de repente, jogado no futuro, tendo que imaginar como lidar com o fato de que minha filha iria, um dia, menstruar e a mãe não estaria por perto. Não somente menstruar, mas crescer, namorar, viver conflitos com as amigas, decidir o que fazer no colegial, escolher um curso na faculdade, entre tantas coisas.

Menos de quatro meses depois de ter vislumbrado o futuro, a vida me exigiu foco no presente. Ao acordar no dia seguinte à partida da minha esposa, na hora de preparar a mala para a viagem que faríamos com os meus pais, eu não sabia nem onde estava a mamadeira do meu filho, ou quantas calcinhas minha filha tinha.

Imaginar o pai que eu queria e precisava ser naquele momento era impossível. Não conseguia imaginar qualquer futuro. Não conseguia me imaginar cuidando dos meus filhos sozinho. Eu me vi despreparado para o papel mais importante da minha vida. Desejei ser o pai da Maria e do Francisco, e curtia isso, mas não tinha noção do que significava cuidar. Minha preocupação era somente com a sobrevivência e o sustento da casa.

Sozinho com os meus filhos, eu era só medo. Ou melhor: eu era o medo em forma de pai. Eu queria cuidar deles. Mas, ao escolher estar presente na vida dos meus filhos, ao mergulhar na imensidão do mar que é a paternidade, me senti nadando contra a maré. Eu precisei aprender como cuidar dos dois no momento presente. Mais do que isso: precisei realmente conhecer os meus filhos. Na hora do banho, no momento de fazer a comida, ajudando meu filho quando ele pedia para ir ao banheiro, virando a noite medindo febre, levando e buscando na escola, participando do grupo de mães do WhatsApp, dizendo "não" muitas vezes, fazendo o coque no cabelo da minha filha para o balé ou, ainda, tendo de costurar a fantasia e assistindo mil vezes ao mesmo filme.

Hoje, vivencio essa jornada dupla, tripla, que era a realidade da minha esposa. Consigo ver, sentir na pele, o quanto ela fazia e o quanto eu, como pai, perdia na relação com ela e com meus filhos, o quanto eu deixava de sentir por não estar presente na rotina de pequenas coisas do lar.

Ainda não consigo imaginar como vai ser o dia em que minha filha ficar mocinha, se tornar uma adolescente. Mas esse convívio, esse cuidado diário, tem me dado a confiança de que viverei com tranquilidade o que vier pela frente.

Não houve tempo para a minha esposa escrever todas as cartas que ela gostaria de ter escrito. Isso eu não posso mudar. Sei que minha filha não vai conversar com a mãe quando virar adolescente. Mas quero que ela e a minha esposa, onde estiver, saibam que eu, homem, pai, certamente estarei aqui dando o meu melhor.

# Recompensa

Os meninos fazem natação desde pequenos.

Onde eles nadam, cada etapa tem uma cor de touca diferente. Semana passada teve a avaliação do Thomás.

Eu achava que ele iria mudar de touca. Ele também. Ele está nadando bem e evoluiu bastante.

Mas, durante a apresentação, a professora disse que ele estava ótimo, mas precisaria melhorar o nado de peito para trocar de piscina.

O fato é que três meses atrás, na última avaliação, ele ficou bravo porque não mudou de touca. Estava querendo nadar na outra piscina com o irmão.

Então, expliquei que era assim mesmo, que a professora sabia o que era melhor para ele. Que cada um tem o seu próprio tempo e que pular etapas por pressa não é legal.

Adiantou? Claro que não! Ele bufou, chorou, gritou, emburrou, resmungou. Me tirou do eixo de tanto reclamar sobre o assunto.

Por isso, quando a professora falou que ele ficaria mais três meses na mesma piscina, eu respirei fundo, já imaginando a braveza e o mau humor (mães entenderão).

Ele saiu da piscina com o colega.

Então, a professora explicou:

"O Antonio está de parabéns, vai passar de touca. Você, Thomás, também está de parabéns. Evoluiu muito bem, mas precisa melhorar o nado de peito para poder passar para a piscina maior".

Ele, que é de poucas palavras, respondeu: "Tá bom".

Então, abraçou o amigo, deu parabéns, colocou o roupão e veio para junto de mim.

Eu o parabenizei pela apresentação e fiquei esperando a reclamação.

Ele seguiu em silêncio abraçado comigo para o chuveiro. Na hora em que eu tirava a touca da cabeça dele, falou:

"Sabe, mamãe, eu fiquei muito feliz. Estava torcendo para o Antonio passar de touca. Ele merece".

Eu o abracei com tanta força que quase quebrei suas costelas. Disse que sentia muito orgulho dele.

Aprendi uma lição: três meses atrás, quando achei que a minha fala de nada adiantara, eu estava redondamente enganada!

Por isso, se você está aí com alguma questão sobre a educação do seu filho, saiba que, se você transmite bons princípios, exemplos, se dialoga, se orienta, dá amor, não tem como errar.

É difícil, eu sei. É um trabalho sem fim, mas sempre, sempre valerá a pena!

# Eu tive dez míseros anos

Essa semana levei o meu filho de quase onze anos à pediatra que o atende desde que ele era pequeno. Consulta de rotina. Na hora de examiná-lo, ela perguntou pela primeira vez se ele preferia que eu ficasse no consultório ou esperasse lá fora. Ele me olhou e disse que preferia que eu saísse.

Olhei naqueles olhos que, para mim, sempre serão os mesmos, e vi um mocinho. "Claro, filho."

Quando fechei a porta, veio a lembrança de todas as idas à pediatra. Dei de cara com o sofá em que me sentei tantas vezes para amamentá-lo. Lembrei dos colinhos que dei naquela sala de espera, do meu cansaço pelas noites em claro, da preocupação pelo tanto que ele tossia e até das brincadeiras que fazíamos enquanto esperávamos pelo atendimento.

Recordei a necessidade que ele tinha da minha companhia, o quanto as mãozinhas dele pediam por mim enquanto a médica o examinava.

A grande verdade é que temos pouco tempo. Sim, pouquíssimo tempo até eles caminharem com as próprias pernas. Até que nossa companhia não seja necessária e muitas vezes não seja sequer desejada.

Pode ser um pouco menos ou um pouco mais de dez anos. A verdade é que essa realidade chega. Ao mesmo tempo que é lindo ver o meu pequeno crescido, é duro lidar com essa falta de função. Fica um buraco. O coração está ali, pequenino.

Então, naquela sala de espera, segurando as lágrimas com tantas lembranças, vi uma mãe exausta e sua bebê com febre dormindo em seus braços. Ela se queixou do cansaço e disse que estava preocupada com a filha. Tive vontade de falar sobre o momento precioso que ela experimentava. Preferi dizer que eu a entendia. Deixei-a desabafar. Ela disse que estava com sede e que precisava ir ao banheiro. Peguei um copo de água e segurei a bebê para que ela pudesse fazer xixi.

Enquanto eu carregava aquela riqueza nos braços, pensei na importância de as coisas serem finitas, na beleza do crescimento, na importância dos ciclos e de como é bom sentir saudade.

Ah, quanta saudade!

# Você vai errar

Trago uma grande verdade. Nada agradável, eu sei, mas preciso contá-la. Na adolescência deles, você vai errar. Digo, vai seguir errando... Você vai errar. E não serão poucas as vezes em que isso acontecerá.

Você vai errar – e como vai errar! – na educação.

Você vai errar na forma de falar e até no conteúdo daquilo que vai dizer ao seu filho.

Vai errar algumas vezes que disser *sim* e outras tantas em que disser *não*.

Vai errar na falta de paciência quando o cansaço consumir cada pedacinho do seu corpo. E na irritação e no mau humor que vêm com a TPM.

Em alguns momentos você vai errar impondo limites exagerados e em outros por deixar de estabelecê-los. Vai errar na superproteção, e também na maturidade que espera de um bebê, de um adolescente.

Você vai errar, mesmo querendo muito acertar. Vai errar porque está aprendendo, porque está tentando. Porque está vivendo.

Você vai errar porque quem está entregue erra mesmo. E quem está exausta e sobrecarregada erra ainda mais.

Por incrível que pareça, somente quando se abrir e assumir desde cedo seus erros pequeninos até os mais graves, você vai começar a se fortalecer.

Sem erro não há revolução, evolução, transformação. Sem erro não temos o questionamento, o olhar para dentro, a mudança. Sem erro não existe a humildade de saber que temos muito chão pela frente.

Querida leitora, será na liberdade de errar que você encontrará a paz que o seu coração de mãe tanto precisa.

# Não pode faltar

Hoje, quando eu levava os meninos para a escola, o Matheus contou que estava indignado com uma história que escutou a respeito de uma mulher que teria atropelado um cachorro e fugido do local, deixando o animalzinho se retorcendo na rua.

Thomás ficou em choque ao ouvir o relato. Percebi, olhando pelo retrovisor, que ele ficara perplexo. Olhinhos arregalados e boquinha aberta. Como não se chocar?

Olhei para o Matheus com aquele olhar de "Por favor, não fale sobre isso perto do seu irmão, ele é pequeno".

A verdade é que todos somos pequenos quando escutamos histórias como essa.

Enquanto pensava sobre isso, o Thomás disse:

"Mamãe, lembra aquele dia no banho que eu pedi para você não jogar o papelzinho (leia-se lacre) do xampu no lixo?".

"Sim, filho, eu me lembro", respondi.

"Eu não queria que você jogasse porque na minha imaginação ele é vivo e vai sofrer. Então, por que a mulher atropelou o cachorro e não cuidou dele se ela nem precisa usar a imaginação para saber que ele é vivo?"

Exclamei a única resposta que me veio à mente: "Faltou amor a ela, filho".

Antes de eles descerem do carro, eu disse, como de costume, que os amava muito.

O Thomás me olhou nos olhos, segurou na minha mão e falou: "Mamãe, obrigado por nunca deixar faltar amor".

P.S.: Adivinha como eu voltei para casa? Emocionada, com o coração quente e agradecido por ser mãe. Por saber, da boca dele, que eu sou amor.

# Meio menino, meio adolescente

É, menino, você está crescendo.

Meus beijos já não têm a mesma graça para você. Às vezes, você diz que não é para eu beijar seu rosto, chega até a limpar meus beijos.

Tem dias em que eu levo numa boa, tem dias em que isso me magoa. Respiro, contudo, e sigo em frente. Afinal, sei que essa fase que você está passando nem de longe é fácil.

Você está se conhecendo enquanto conhece o mundo, e na mesma medida em que precisa se sentir aceito.

Os hormônios começaram a gritar. Você tem argumentado sobre tudo. Insiste milhões de vezes no mesmo argumento e muitas vezes perde a razão. A gente acaba discutindo, eu aparo as arestas, e assim temos seguido.

Tento orientá-lo no equilíbrio entre *videogame* e skate, estudo e lazer. Muitas vezes você resmunga, me acha chata. Mas devo dizer que se ser legal é não cuidar de você, sinto muito, mas eu não serei.

Gostaria de contar que ao mesmo tempo que é maravilhoso vê-lo crescer, também não tem sido nada fácil. Você é o meu primeiro, tudo é novo. Meu menino está ficando para trás e um adolescente está pintando por aqui. Me despedir do menino, dos beijos a toda hora, do olhar debaixo para cima com sorriso no rosto e bracinhos abraçando as minhas pernas... dói.

Por isso, meu filho, pode apostar que darei o meu melhor por você, mas espero que você também dê o seu por mim.

Que tal tentarmos juntos fazer o melhor um pelo outro? Acho que seremos bem mais fortes. Vamos?

# Espelho

Como querer que seu filho não seja altamente competitivo quando ele vê você competindo até com a sua sombra?

Como querer que seu filho respeite as particularidades de cada um se ele não observa você fazendo isso?

Como querer que o seu filho seja aberto a opiniões diferentes se ele vê você tentando ser a dona da verdade?

Como querer que seu filho não deseje mal ao próximo se ele escuta você desejando?

Como querer que ele seja paciente se ele a observa sendo impaciente o tempo todo?

Percebe que não faz sentido?

A maternidade vem somada a uma oportunidade singular e potente de reavaliarmos os nossos próprios comportamentos. Afinal, por um filho, nós nos esforçamos para ser melhores, não é?

Evoluir exige que a gente revisite conceitos, remexa em padrões e ressignifique muita coisa. É fácil? Nem um pouco. É exercício diário. Demanda muito esforço. Mas vale. Ah, como vale a pena!

Hoje, quando eu levava meu filho mais novo à escola, uma mulher buzinou insistentemente atrás de mim. Era um semáforo com fila única. Não me distraí com nada. O carro da frente andou, eu andei. Meu filho perguntou: "Mamãe, por que ela está buzinando?".

Respondi que não fazia ideia.

Ela me ultrapassou acelerando, olhando feio e soltou palavrões. Entrou na minha frente. Ultrapassou outros carros (pasmem), já dentro da escola. Eu só rezava para ela não estar acompanhada de nenhuma criança depois de tantos palavrões e agressividade.

Quando, enfim, ela parou o carro, saiu um menino de lá de dentro. Meu coração apertou. Então, meu filho disse: "Mamãe, esse menino é aquele que eu te falei que é nervoso e briga com todo mundo aqui na escola. Acho que ele aprendeu com a mãe dele, né?".

Assim que me despedi do Thomás, o Matheus entrou no carro.

"Como foi a sua aula, filho?"

"Foi ótima, mamãe. Eu fiz companhia para um colega que acabou de entrar na escola. Tomei lanche com ele para ele não ficar sozinho." Eu me vi refletida naquela atitude.

Vim para casa pensando em como as nossas ações são poderosas e decisivas para a formação do caráter de nossos filhos.

# Paciência

Que é bonito falar aos quatro ventos de amor incondicional, do que é gostoso, a gente sabe. Mas que é custoso doar tempo (noites, dias e madrugadas), braços, alma, coração e, principalmente, a nossa paciência, é difícil assumir em voz alta.

É difícil porque puxa o gatilho da culpa, da falta de gratidão. Por mais que a gente esteja começando a falar de forma honesta sobre esse assunto, será que a reflexão não deveria ser *qual é o motivo* para ser tão difícil? O motivo de *maternar* e *paternar* ser o maior desafio da vida de um ser humano? De ser a experiência que mais exige de nós?

Será que, se entendermos isso, não fica mais fácil dar um passo à frente, enxergar o horizonte, parar de caminhar em círculos e de nos vitimizarmos? Será que isso não traria responsabilidade, entendimento e consciência? Eu acredito que sim.

Que ignorância é achar que nossa maior preciosidade (nossos filhos) não nos tiraria de nossa zona de conforto, não nos colocaria no chão milhares de vezes. Que prepotência achar que, seguindo um manual (que não existe), daríamos conta de tudo. Que superficialidade é não enxergar o esforço diário que ser mãe ou pai exige de nós. Que ingenuidade achar que seria simples e fácil.

É uma insensatez não perceber que o que mais vale, obviamente, é o que nos dá mais trabalho. Trabalho a perder de vista. Diário! Eterno! Trabalho que cansa pra caramba!

Exige até a última gota de nosso suor, esgota nossos neurônios e nossa paciência. (Se a gente olhar com atenção e empatia para nosso bebê, criança ou adolescente, percebe rapidamente que é justamente nessa paciência que mora o nosso amor!).

Que é difícil *maternar* e *paternar*, a gente pode até saber, mas que paciência é igual a amor, ah, isso é novo! Fresco. Nos dá um norte. Nos força a exercitar essa paciência todos os dias.

É preciso motivação, porque são eles, os nossos filhos, o nosso maior legado.

Temos aqui um novo mantra: paciência é amor!

# Meus tênis

Meu filho mais novo me pediu de presente de aniversário um par de tênis igual ao meu. Aquele daquela marca famosa, sabe? Que tem listras pretas e brancas.

Ao escutar o pedido, meu filho mais velho disse:

"Não dá, mãe, esse tênis é de menina".

"Mas por que, Theu?"

"Só menina usa."

"Filho, é só um simples par de tênis."

O Thomás olhou para ele com cara de quem não estava entendendo nada. Olhou mais uma vez com o que lhe resta da pureza tão singular das crianças e disse:

"Mas, Matheus, nem tem rosa!".

Aquilo foi como se alguém tivesse espremido o meu coração. Meu caçula caindo nas garras do que mais me apavora.

Preciso contar o que faço em relação a isso. Luto todos os dias para meus meninos não perderem experiências, vontades e até uma possível missão (vai saber) por causa desta história de "coisa de menino" e "coisa de menina". Eu luto, driblo aqui, dou um olé ali, mas, às vezes, sou pega de surpresa. Como se eu tivesse levado um soco na boca do estômago. Fico sem ar.

Veja bem, não é o tênis. É uma divisão que subtrai da vida deles coisas muito importantes.

Crianças têm o pensamento leve e macio como as nuvens. Por isso as vontades são tão puras. Vamos validá-las?

Não quero que meus filhos sejam engenheiros frustrados se no fundo quiserem ser chefes de cozinha.

Não quero que engulam o choro porque chorar é "coisa de menina". Quero que chorem quando tiverem vontade.

Não quero que meus filhos se sintam na obrigação de trabalhar feito loucos quando tiverem um bebê, porque é das mulheres o papel de cuidar dos filhos. A responsabilidade também é dos pais.

Não quero que deixem de comprar uma camisa rosa porque rosa é "cor de mulher". Quero que deixem de comprar se realmente não gostarem da cor.

Eu só quero que meus filhos sejam livres para escolher o que quiserem para si. De verdade.

Gostaria que todas as vontades que eles sentem fossem como a do Thomás, de ter um tênis igualzinho ao meu.

Vontade genuína, espontânea, sincera.

Do coração.

# Uma carta...

Queria ter o poder de proteger você das maldades do mundo. Mas não consigo. Não posso.

O que posso é pedir para você nunca esquecer que é a pessoa mais importante de sua vida.

Posso abraçar, enxugar suas lágrimas e sorrir com suas alegrias.

Posso explicar que um amigo de verdade nunca vai deixar você na mão, nem vai pôr você para baixo.

Posso dizer que decepções são inevitáveis, assim como os tombos, mas que é exatamente isso que o tornará forte.

Posso alertar que, independentemente da maldade que façam com você, não vale a pena deixar que isso atinja seu coração.

Posso orientar que, mesmo quando as frustrações e tristezas forem grandes, você deve seguir sendo bom, amando e respeitando as pessoas. Porém, se algo insistir em lhe fazer mal, é melhor se afastar.

Posso explicar que sempre vale a pena pedir desculpas, perdoar, abraçar e beijar.

Posso lhe contar que saber rir de si mesmo deixa tudo mais leve. Que sempre temos uma saída e que tudo passa.

Posso ensinar que um tempo em silêncio de frente para o mar tranquiliza a alma e organiza as ideias.

Posso contar que Deus sabe exatamente todas as suas intenções e o que se passa bem no fundo do seu coração.

Por último, posso dizer que eu sempre, sempre, estarei aqui por você. De braços e ouvidos abertos, para o que precisar.

Voe, meu menino. E nunca se esqueça de proteger o seu coração, que é lindo.

# Crescer dói

"Filho, você tá tão lindo. Tão mocinho. Já reparou em como você cresceu?"

"Sim mãe, mas também dói."

"Como assim, dói? Onde dói? Você nunca falou sobre isso."

"Não é no meu corpo que dói. É pensar que eu nunca mais vou ser criança de novo. Pensar que não volta mais. Tipo este dia tão legal, nunca mais vai voltar."

Quando ele me disse isso, senti um aperto no peito. Sabe aqueles que deixam o coração pequenino? Mas concordei: "Então, bora aproveitar!".

Já reparou que todo momento de transição dói? Gera medo, luto, ajustes, barreiras difíceis, novos desafios.

Nascer dói. Claro que dói. Sair do conforto e da segurança do útero materno para esse mundão – certamente não é, nem de longe, tranquilo.

Deixar de ser um bebê também dói. Quem é pai ou mãe percebe isso nitidamente. Aquela fase perto dos dois anos, sabe? Por isso, claro, é chamada de "adolescência da infância".

Assim como deixar a infância para trás e entrar na adolescência também gera muito desconforto. As palavras desse garotinho de onze anos confirmam isso. Do mesmo jeito que a gente consegue se lembrar do saudosismo de deixar a adolescência. Minha avó, certa vez, disse que adentrar na terceira idade também doía.

Mas... e nascer como mãe? Como é essa transição, que é um divisor de águas na vida de qualquer mulher que ganha um bebê? Por que ninguém conta que, de alguma forma, vai doer? Por que ninguém diz que é normal sentir (muita, mas muita mesmo) saudade da vida que ficou para trás? Da nossa liberdade, do nosso corpo e até do volume de cabelo que a gente tinha antes da amamentação? Por que raios não dizem que é completamente normal sentir um baita saudosismo da nossa vida pré-filhos, já que momentos de transição e mudanças de fases da vida geram dor?

E nascer como mãe de um adolescente? Com certeza, é uma enorme transição. Por que não se ouve falar sobre isso?

Que esse garoto, que ainda carrega a pureza da infância, faça a gente refletir e ter mais empatia, carinho e respeito com todos aqueles que passam por momentos de transição na vida.

# Vá com medo mesmo

Dia desses, fiz um passeio de mergulho com o meu caçula.

Foi a primeira vez que nós dois usamos o cilindro. Algo novo para ambos, e estávamos animadíssimos. O professor mostrou como funcionava a respiração somente pela boca. Mostrou os sinais de "ok", "subir" e "descer mais".

Quando entramos no rio e começamos a descer, me deu uma aflição. Conforme a gente descia, a água ficava turva, e a superfície, distante. Meu coração ia acelerando.

Me deu um certo pânico. Um p... de um pânico, para ser sincera. Bem parecido com o momento em que a maternidade chegou por aqui. O desconhecido faz isso com a gente.

Só que, quando eu olhava para o lado, via o meu filho tranquilo. De boa na lagoa – digo, no rio. Fazia mil vezes "ok" com a mão, curtia o momento, enquanto apontava os peixes para me mostrar. E eu? "Panicada!" Com sensação de claustrofobia, rezando para ele fazer o sinal de subir, mas ele só fazia ok, ok, ok!

"Ele está calmo, por que eu não haveria de estar?", pensei. "Se eu pedir para subir, vou assustar o garoto", repetia, tentando me convencer.

Eu me concentrei em respirar com mais calma. Segurei na mão dele e continuamos descendo. Com o tempo, fui me acalmando, até chegar o momento em que me vi nadando, no fundo do rio, e me encantando, junto com ele, com o que a gente cruzava pelo caminho.

Enquanto eu estava ali, ao lado dele, submersa no silêncio profundo das águas, pensei nesse lance de ser mãe, na potência da maternidade quando a gente, de fato, se entrega, mergulha nela. Pensei no poder que essa condição tem de nos fazer mais corajosas e fortes, mesmo sendo a responsável por escancarar a nossa humanidade e vulnerabilidade.

A partir do momento em que estamos ali, a gente vai, enfrenta, se entrega. Claro, isso é por eles.

*Maternar* nos faz desbravar caminhos e mergulhar em rios e mares em que jamais mergulharíamos. Faz a gente crescer, se expandir!

Ser mãe é muitas vezes ter medo, ir com medo mesmo, e acabar encontrando a coragem pelo caminho.

# Desmarca a aula

Essa é a frase que mais escutei nos últimos meses.

Aulas que, detalhe, ele escolheu fazer.

Não, não tem sobrecarga de atividades. Sou bem cuidadosa a esse respeito.

Acho que tem relação com a pandemia, que acomodou essas crianças no sofá (leia-se, em frente aos aparelhos eletrônicos).

Um dia desses, na aula de teclado do Thomás, a professora chegou e ele entrou no banheiro. Não saía. Senti cheiro de enrolação.

"Vamos, Tho, a professora tá aqui", eu falei.

"Tô indo, mãe!", ele respondeu, do outro lado da porta.

Eu estava me arrumando para sair para atender um paciente, quando ele apareceu no meu quarto e disse que estava com dor de cabeça.

"Filho, poxa, você acabou de almoçar, estava descansando e não tinha falado de dor de cabeça. Não é possível, você sempre arruma uma desculpa para desmarcar as suas aulas", retruquei.

"Mas tá doendo, mãe."

"Beleza, vou te dar um remédio para dor e você volta para a aula. A professora está aí."

Na hora de sair, dei uma olhada para me despedir e ele estava com uma cara de desânimo total.

"Vamos lá, Tho. Já vai passar."

Ele então veio atrás de mim e pediu água. Dei, falei que precisava sair para trabalhar e o encaminhei para a aula.

Quando pus os pés no consultório, recebi uma mensagem de que ele havia vomitado, que estava deitado e a professora (uma querida) estava tocando para ele melhorar. Pedi para darem a ele uma medicação própria para enjoo.

Meu coração estava amassado, dilacerado, pisoteado, e me senti péssima.

Eu realmente não tinha acreditado, enquanto ele sentia dor e dizia a verdade.

Atendi meu paciente e voltei para casa. Ele já estava melhor. Abracei e pedi desculpas por não ter acreditado. Lembrei-o da história do menino e o lobo. Disse que acontece na vida real. Que se ele nunca tivesse pedido para desmarcar as aulas quando estava bem, eu teria acreditado e não insistiria para ele daquela vez.

"É, mãe, é verdade! Aconteceu igualzinho como na história do menino e o lobo", ele exclamou.

"Promete que não vai mais pedir para desmarcar quando você estiver bem?", perguntei.

"Prometo."

Até agora, ele não pediu.

Já perceberam que, às vezes, a gente fala, explica, desenha, mas o aprendizado só acontece quando a criança sente aquilo na pele?

Espero que ele tenha aprendido a lição, e que a leve para a vida.

# Batendo à porta

Ando bem perdida com os novos desafios que um filho de onze anos – que pensa ter dezesseis – me apresenta. Essa fase tem um quê de melancolia para mim. De mar desconhecido, com ondas impossíveis de enfrentar de pé. Ando tomando cada vaca, como diriam os surfistas, cada caldo, que às vezes tenho vontade de pegar minha pranchinha, sair de fininho e não brincar nunca mais disso.

A melancolia vem do fato de meu filho não querer mais os meus beijos nem quando está dentro de casa, sem ninguém olhando. É a mesma sensação de quando se é doida por um cara e ele não dá a mínima. Lembra? É exatamente assim que me sinto às vezes. Com a diferença de que, nesse caso, não tenho a opção de pular fora. Muito pelo contrário. Eu tenho de estar mais dentro do que nunca.

A melancolia vem de eu usar todos os artifícios para desenrolar um papo maneiro, mas a conversa do lado de lá continuar monossilábica. A melancolia vem do tempo desgramado e implacável que levou o meu bebê delicioso, aquele que amava meu colo, meu menino sorridente que só queria a minha atenção, e trouxe esse rapazinho lindo que não quer saber de papo.

Além da melancolia, esta fase traz no pacote a preocupação relacionada às saídas com as amizades sobre as quais a gente não tem mais controle. Bate uma espécie de pânico, mais ou menos assim: "Deus do céu, não tive tempo suficiente para preparar este garoto. Será que não dá para o Senhor me arrumar mais uns três aninhos extras?". Como assim, festinha que termina à meia-noite? A mãe da aniversariante vai ficar na festa?

Dizem que tenho de me manter próxima, mas que ele não pode entender que eu sou amiga. Mas, então, faço o quê, Senhor? Será que alguém me explica melhor? Chega a ser cômico...

Que saudade de quando eu o aninhava embaixo do braço, enchia de beijos sempre que quisesse e levava para todo lado.

Juro que ando treinando dia e noite para parar de pé sobre a prancha. Torça por mim!

# Atenção no caminho

É desafiador, eu sei.

É uma jornada longa, sem fim.

Tem desgaste físico e mental, tem dias de muito cansaço. Tem crise de identidade e outras tantas coisas que, se eu fosse escrever todas, este capítulo seria o livro todo.

Só que há uma certeza digna de holofote. Algo que, se fizer tanto sentido para você como faz para mim, pode ser que dê um clique por aí. Que vire uma chave. Que leve a paz.

O fato é que isso tudo que vem no pacote da maternidade não vai mudar. *Maternar*, desde a era das cavernas, sempre foi desafiador pacas. E sempre será.

As fases pelas quais nossos filhos passam e tudo o que vem com cada uma delas vai durar o tempo que for preciso. Leia de novo: O-TEMPO-QUE-FOR-PRECISO.

O que podemos mudar, o que está sob nosso controle, é a forma que escolhemos passar por tudo isso.

A ansiedade insana e perturbadora de querer que passe, de querer se livrar da parte que dói e incomoda, é em vão. Só faz machucar mais. A sensação de parecer estar em um *video game* e querer passar todas as fases para "vencer" nos tira o brilho da vida. Nos cega para as pequenas coisas.

Pense só, como é controverso: temos tanta sede pela vida, mas parece que estamos mais focados em terminar algo do que em viver o processo.

Olhar só para a frente, focando o tempo todo só aonde queremos chegar, é uma armadilha muito cruel. Sabe por quê? Não é o "chegar" que traz felicidade. Tudo não vai ficar maravilhoso depois do puerpério, dos *terrible two*, ou de qualquer outra fase, como a puberdade. Esqueça, isso é ilusão. As respostas, as reflexões, o amadurecimento, e principalmente a felicidade, nascem do olhar cuidadoso ao longo do caminho, em cada fase, em cada passo. Na presença, no agora e em cada detalhe que ele nos traz.

Querida leitora e querido leitor, quem "vence" mesmo é quem tem a sensível habilidade de enxergar as miudezas. Vence quem vive cada pedacinho do caminho, com todas as suas dores e delícias.

Ah, e que caminho lindo esse de ser mãe e pai...

# Inevitáveis mudanças

DÉBORA ALOUAN

As mudanças são sutis.

Nos dias em que você está muito focada no trabalho e nos problemas urgentes da vida, elas passam quase despercebidas. Mas é fato: elas estão lá.

O que muda é algo na postura. No jeito de andar, de falar, de se sentar. Como se ele estivesse sempre esparramado por aí. Se esparrama na cadeira, no sofá, na cama, no chão. Como se não conseguisse se organizar direito dentro de si, do seu corpo que, de repente, parece grande demais, largo, desajeitado.

É algo nos seus interesses, o que muda. De uma hora para outra, os brinquedos perdem a graça e aquela briga com a irmã menor não parece mais tão interessante. Aliás, ela se torna quase irrelevante se comparada com o videogame, com as revistas sobre carros, com os jogos de xadrez e, principalmente, com os amigos. Ah, os amigos. Existe algo mais interessante do que eles?

Há certa impaciência no seu olhar, irritabilidade, muita inquietação. Ele parece mais dono de si, mas muitas vezes ainda olha pra você como um cachorro abandonado que precisa de colo.

Ele sempre foi bagunceiro, sim. Era LEGO espalhado no chão, eram carrinhos jogados por toda parte. Eram álbuns e figurinhas. Mas, agora, é uma bagunça quase (inteira) rebelde, de quem vai, vem, faz e acontece. De quem quer dizer algo, mas muitas vezes não consegue se expressar.

É a mochila largada, são as roupas usadas na cadeira, na cama, no chão. É o celular que some no meio das roupas – resquícios de uma vida que extrapola as paredes do quarto. Os sapatos são as únicas coisas que permanecem iguais: jogados em algum canto da sala. Ou do quarto. Ou da cozinha. Ou do banheiro. A única diferença é que eles aumentam (e muito) de tamanho.

O tipo de humor também muda. De repente, ele é capaz de captar as sutilezas sarcásticas e o dinamismo de um diálogo entre adultos, e contribuir fazendo as próprias piadas e comentários espirituosos. Vocês riem juntos e dividem uma pizza enquanto as irmãs pequenas dormem.

Ele já a trata como a idosa tecnológica que você jamais sonhou se tornar. Conhece macetes e links de que você nunca ouviu falar. "Mãe," ele diz, num misto de amor e paciência, "clica aqui que vai muito mais rápido. Você não sabia?" Não, você não sabia. Mas você se lembra de que pouco tempo atrás era você, num misto de amor e paciência, que explicava a ele sobre o que fazer quando sentisse vontade de urinar e sobre como usar a privada.

Acho que a parte mais difícil é que você começa a sentir, de verdade, que ele é um pouco menos seu e um pouco mais do mundo. Você sempre soube disso, claro. Lá no fundo, mas beeem no fundo. No fundo, e de propósito: para não lembrar. Mas não tem jeito, uma hora vem à tona e a gente tem de lidar com isso.

Então você só pensa: "Tomara que o mundo seja tão amoroso, gentil e receptivo com ele quanto eu fui". Tomara!

# 2 ATENÇÃO NO CAMINHO

# Chegou

Matheus tem doze anos, mas acha que tem dezoito. Deu uma "adiantadinha" na adolescência para não deixar as coisas caírem na monotonia por aqui, se é que vocês me entendem. Afinal, desde quando vida de mãe passa pela palavra monotonia, não é mesmo?

Oi, A.D.O.L.E.S.C.Ê.N.C.I.A.

Ninguém avisa não, viu? Nada. Acontece rápido. De um momento para o outro. Os traços mudam em um piscar de olhos. A voz engrossa. A pele, aquela lisinha, sabe? Muda. De repente, eu tenho um exemplar de adolescente em casa. Como assim, gente? Cadê o aviso? O alerta colorido piscando em neon?

Subitamente, a porta do quarto fica mais fechada. Os fones de ouvido mais tempo nas orelhas e o som alto passa a fazer parte da hora do banho. E o quarto? Tenho nem palavra para descrever o quarto.

De repente batidas de porta, os hormônios bombando em um *looping* de emoções, somado a uma mãe que tenta administrar tudo isso.

De repente, cinema sozinho com amigos (leia-se: "Mãe, não ouse me esperar na porta."). E convites para festinhas (leia-se: rolês) que nos colocam em uma espécie de encruzilhada: deixar ou não ir. De repente, conversinhas (amorosas) no WhatsApp, amigos que você gostaria que morassem na sua casa de tão queridos e outros que você pede a Deus que se mudem para o Japão.

De repente, o rapaz que ainda é o meu menino, aquele que chamava por "Mami" na adaptação da escola, questiona sobre coisas que eu achei que ainda estavam longe de serem discutidas.

E eu? Sigo caminhando. Dando um passo para a frente e, às vezes, 84 para trás. Não paro. Sigo na retaguarda, no limite, nas orientações tão necessárias (que ele acha completo e total exagero) nessa fase.

Por aqui, começando a sentir na pele a tal história da "mãe desnecessária", lembra? Mas era esse o plano, certo?

# O que você vai ser quando crescer?

Lembro que essa pergunta me gerava certa angústia. Sempre achei pesado um(a) adolescente de dezessete anos precisar definir o que vai ser "quando crescer". Bom, mas agora sou mãe de quem, em breve, terá que responder a essa pergunta. Como ajudá-lo com isso?

Creio que essa ajuda começou desde que ele era bem pequeno.

"Ai, Thaís, mas não temos de pensar nisso quando eles são pequenos." Concordo demais com você. Não temos mesmo. Mas é desde que eles são bem pequenos que devemos entender a importância e a riqueza de abrirmos espaço. É nosso papel deixar o tédio entrar, o ócio criativo acontecer e o livre brincar andar de mãos dadas com eles.

Tudo isso para estimulá-los? Com certeza. Mas minha intenção é muito mais potente do que é possível proporcionar com estímulos. Minha intenção é fornecer a estrutura para a forma como eles vão enfrentar os desafios, assim como para as escolhas que deverão fazer. Minha intenção é proporcionar autoconhecimento.

Meu adolescente, quando pequeno, descobriu, em momentos de tédio, que tem facilidade com desenho e quebra-cabeças. A partir do livre brincar, descobriu, desde muito novinho, que é fascinado por todos os esportes que envolvem bola. Foi por intermédio do ócio que ele, por si só, se interessou pelo surfe. Foi por meio desses momentos preciosos, sem estar entretido com nada nem ninguém, que ele começou seu processo de autoconhecimento, ainda sem fazer a mínima ideia do que essa palavra significa.

Tenho certeza de que muitas coisas que ele sabe sobre si mesmo têm relação com esse espaço escancarado. Espaço onde passam a residir a criatividade e a verdade *dele*.

Se temos papos sobre o que ele vai ser quando crescer? Claro. Se acho isso importante? Acho, sim. Acredito, no entanto, que muito mais importante é ele se conhecer. Se conhecer, inclusive, a ponto de desistir caso esteja cursando algo que não tenha a ver com quem ele é. Se conhecer a ponto de não ter vergonha, de não desistir de correr atrás do que realmente toca seu coração.

# Melhora?

Como assim, "melhora"? Fica mais fácil quando os filhos crescem? Essa, provavelmente, é a pergunta mais difícil que já me fizeram.

É difícil falar para uma mãe que ainda está no comecinho da jornada sobre o longo caminho que percorremos com a maternidade. Difícil falar sobre escolhas, experiências, prioridade, foco, crescimento pessoal. Difícil falar de doação, de desapego, de transformação.

É difícil responder a uma pergunta que eu mesma já me fiz tantas e tantas vezes, e que agora parece não fazer mais sentido.

O que eu posso dizer é que, quando olho para trás, acho tudo tão fácil... Muitas vezes tenho vontade de criar um túnel secreto até lá. Até o lugar em que as minhas preocupações eram as cólicas, o ganho de peso do meu bebê, ou quantas vezes ele acordaria para mamar. Tenho vontade de cochichar no meu ouvido: "Agarre tudo, viva intensamente. As dores e as delícias".

Se você quer mesmo saber se fica mais fácil, a resposta é: não. Desculpe se a frustrei, mas leia até o fim. Cada novo passo é um mundo inteiro para percorrer. Cada ano que se completa, um oceano inteirinho de desafios.

Mas, então, não melhora? Não, querida, não melhora. Mas deixe eu contar um segredo, o maior de todos. É você quem melhora. Você melhora de maneira tão surpreendente que não consigo nem explicar. Você amadurece. Você se descobre, se reinventa. Se desdobra. Desabrocha.

Nas situações mais assustadoramente difíceis, você constrói pontes, túneis, atalhos perfeitos. Desbrava florestas, move montanhas, rompe barreiras, mesmo quando tem a sensação de estar diante de uma encruzilhada. E sabe por quê? Porque é por eles, sempre.

Ser mãe não "melhora" nunca, mas é a viagem mais profunda deste mundo.

# Olhos virados e batidas de porta

A história foi mais ou menos assim:

Ele, com doze anos, foi convidado para dormir no sítio de uma amiga com mais alguns amigos e amigas. Eu não conhecia pessoalmente os pais da garota.

"Mãe, os pais dela vão estar lá. Meninas vão dormir em um quarto, e o meninos, em outro."

Minha resposta foi *não*. "Não, porque você ainda não tem idade para essa experiência. Não, porque eu não conheço os pais da garota para confiar você a eles para fazer algo que nunca fez."

A reação dele foi me odiar: "Você é chata. Chata demais. Não queria ser seu filho. Só você que não deixa, todo mundo vai".

O discurso "Ó céus! Ó vida!" se estendeu com batidas de porta e gritos dignos de tragédia grega. As batidas de porta seguiram duras por todo o dia.

Eu dei umas chamadas de atenção. Claro, respeito é a base de tudo. Mas me concentrei em ignorar e entender que essa era a parte dele. A revolta.

A minha parte, nesse caso, era estabelecer o limite.

Outro dia era eu nas batidas de porta, hoje sou eu no cabo de guerra entre o limite e a permissão. Um papel *beeem* mais difícil, garanto. Adolescentes têm bem claro e definido o que querem no momento do conflito.

E nós? Temos claro o que devemos fazer? Deixar ou não? Afrouxar para isso, segurar para aquilo. São tantas as questões que permeiam a vida dos pais de quem já acha que está (só que não) completamente pronto para o lado de fora.

Eles "sabem" muito bem o que querem, sim, mas a responsabilidade de saber se o que eles querem é ou não adequado é nossa.

Acredito piamente que cada pedido do adolescente liga uma luzinha dentro da mãe. Um sinal de alerta. É nesse sinal que devemos confiar.

"Mãe, você não confia em mim."

"Não confio, Matheus? Então, por que eu deixo você ir ao cinema com os seus amigos? Por que deixo você ir a festas? Aceite o não e entenda que autonomia é algo que se conquista aos poucos. Tudo tem seu tempo."

Ele? Olhos virados. Nada mais, nada menos do que o papel que lhe cabe.

# Solte os pratinhos

A leitora me escreveu dizendo que queria deixar todos os pratinhos girando. A tal busca pelo equilíbrio milimetricamente perfeito em todos os papéis que temos na vida, sabe? Mãe, parceira, filha, irmã, profissional, amiga... Fora a casa. Ah, e tem a atividade física, a alimentação, a vida social (nossa e a de nossos filhos).

Utopia! Acredite, não tem como. Vai dar cãibra nos braços de tanto esforço e jamais valerá a pena. Sabe por quê?

Essa história dos pratinhos só serve para nos encher de culpa, ansiedade e frustração.

A luta para manter todos os pratos girando diminui nosso potencial e nossa força. A preocupação de não deixar nenhum deles cair é tamanha que não conseguimos profundidade e comprometimento em nada do que fazemos. É só imaginar a cena: você, equilibrando uns dez pratos ou mais. Como se vê? Tranquila? Focada? De jeito nenhum. Está muito mais para barata tonta, pensando em mil coisas ao mesmo tempo, né?

Por isso, querida mãe ou querido pai, solte os pratinhos.

Para fazer algo bem-feito em um de seus papéis, você fatalmente ficará devendo em outros. É assim que acontece. E está tudo bem. Esse é o normal. Esse é o humano.

A boa notícia é que isso tudo pode ser administrado. Pode ser organizado.

Este mês o trabalho tem exigido muito de você? Organize-se para que, no próximo, possa estar mais conectada com os filhos.

Está no puerpério, se dedicando totalmente ao bebê, mas preocupada com o casamento? Sente-se com o parceiro, ponha as cartas – aliás, os pratos – na mesa e converse.

Mãe, solte os pratinhos e olhe para o momento presente. Pegue somente o prato que é prioridade em cada momento. Sinta os braços leves. Sinta como é libertador poder deixar os outros sobre a mesa. Perceba como, assim, sobra espaço para se concentrar e se dedicar ao prato que tem nas mãos. Sinta também a cabeça e os ombros leves. Então, quando achar necessário, troque de prato.

Se, mesmo depois de ler este texto, você continuar sentindo que tem algo de errado por não conseguir ser, além de tudo, malabarista, pode parar. Você está ótima. Errado seria insistir nessa loucura.

# Juízo, mocinho

A gente fala, em tom de crítica, que jovem não tem juízo, né? Mas sabe o que acontece, "na real"? O cérebro deles não tem a parte do juízo formada. Não sou eu quem diz isso, é a ciência. É cientificamente comprovado que a parte do "acelerador" (processamento do incentivo, que procura por sensações prazerosas) já está formada aos doze anos de idade, enquanto a parte do "freio" (controle dos impulsos, que impede ações prematuras) só fica pronta por volta dos 23. Ou seja, eles não têm juízo mesmo, e a culpa não é deles.

Isso justifica tantas "maluquices" que fazem, não é? Outro dia, andando no shopping com meu filho e os amigos, o Matheus entrou correndo em uma esteira rolante pelo lado contrário (e estava cheio de gente vindo em direção a ele), e os amigos foram atrás. Quase morri de susto. Dei uma de dona Hermínia, chamei a atenção, mas percebi, nitidamente, que havia rolado um "tilt".

"Que é isso, Theu?"

"Não sei o que me deu, mãe."

É isso, eles simplesmente vão e não medem as consequências. Gente, que perigo, é cada nervoso que a gente passa com eles... só por Deus.

"Ah, então não adianta falar?"

Claro que adianta! Inclusive, por sabermos disso, falar é mais importante do que nunca. Só que podemos ser inteligentes e fazer algo melhor do que apenas falar e falar.

Um exemplo: o filho anda estudando pouco e está precisando de nota alta nas próximas provas? Em vez de dizer que ele vai ficar sem as coisas (trabalhando pela parte do freio, que ainda não está formada), que tal dizer que, se as notas melhorarem, ele vai poder ir àquela festa tão esperada do mês que vem? (Use a parte do acelerador, que está prontinha!). Em vez de focar no que ele não vai ter, foque no que ele terá, no que ele está doido para ter, caso cumpra o combinado.

Portanto, sabendo que o acelerador é tão forte, cabe a nós falar sobre a importância do freio. Mas também cabe a nós usar o acelerador a nosso favor (o que também é a favor deles próprios). Sacou? Tem funcionado por aqui, espero que role também por aí! E, sim, eles não têm juízo!

# Conte histórias

Quando a educação der nó e você não souber mais como chamar a atenção de seu filho para determinado assunto, pare, respire e conte histórias. Histórias? Sim, histórias reais de vivências suas, dos seus amigos e conhecidos. Diversas delas. Já reparou que não existe quem não goste de uma boa história? Meus filhos amam.

Histórias podem dar leveza à educação, àquela repetição diária. Histórias têm o poder de aproximar locutor e ouvinte. (Apertando a tecla SAP: elas têm o poder de APROXIMAR você de seu adolescente. Percebeu a maravilha?)

Histórias têm a mágica de fazer seu filho pensar sobre o que você já tentou dizer de frente para trás, de trás para a frente, sem sucesso.

Sabe por quê? Histórias educam sem a intenção de educar. Essa é a sacada. São despretensiosas, geram curiosidade e fixam na mente muito mais do que qualquer frase de impacto – por exemplo, nas tentativas de explicar por que não transar sem camisinha ou não usar drogas.

Por isso, não tenha medo. Conte, conte, conte. Conte histórias que direcionam. Que mostrem perigo, que mostrem coragem. Conte histórias que fortaleçam e que também mostrem vulnerabilidade. Que mostrem bom e mau caráter.

Fale, conte, sem medo. Solte a voz. E, quando não souber alguma boa história sobre determinado assunto, peça para

Deus cochichar alguma em seu ouvido. A criatividade vem, pode acreditar.

Empenhe-se para ser uma bela contadora de histórias. Tenho certeza de que a relação de vocês com as memórias, assim como o caráter e a vida de seu filho, serão eternamente gratos.

Histórias. Diversas delas. Não se esqueça.

# Dor de crescimento (da mãe)

AMANDA ACACIO

A voz grossa, a postura de quem carrega um mundo novo e assustador nas costas, as mãos inseguras, braços que tem vida própria, o bigodinho infame feito de penugem. Chegam falando alto e grosso. O corpo anuncia o crescimento.

Sim, esse dia chega e faz a gente se arrepender de ter reclamado da introdução alimentar, *terrible two*, desfralde e toda e qualquer fase que, agora, comparada ao mar de hormônios da puberdade, parecem uma visita ao parque em um sábado ensolarado, com direto a comes e bebes.

Aquele ser, que acreditava ter sido gerado para amar você, começa a realizar um distanciamento voluntário. De repente, os amigos se tornam mais interessantes. É exatamente por isso que, nesse momento, você começa a sentir uma solidão que a faz chorar feito criança. Dá uma saudade imensa dos sorrisos trocados quando você alimentava seu bebê de afetos, mesmo que ele estivesse sugando todas as suas certezas e roubando suas poucas horas de sono.

E você, depois de uma vida de explicações repetitivas, se vê observadora da vida do filho que vai tomando forma. A forma dele.

Esse dia chega, mais uma fatia do tempo fica reduzida a memórias, uma imensidão de alegrias que você, com todo o seu coração, deseja desesperadamente que ele não esqueça.

Na adolescência, risadas, escândalos, dramas vêm no pacote junto com amizades incríveis, mas também com algumas duvidosas, que possivelmente durarão menos do que a comida na geladeira.

A fome deles não é só de comida, é também de experimentar, desafiar, enfrentar e reclamar. Que é proporcional aos saltos de crescimento, estirões ou qualquer outro nome dado a esse processo impiedoso que desaparece com as nossas crianças. Desculpe o dramalhão mexicano, mas você é mãe, né? Certamente vai entender o que estou sentindo.

A porta trancada é um aviso claro: limites foram estabelecidos. Aquele confessionário íntimo entre vocês encerrou as atividades temporariamente. As conversas se tornam monólogos seus, seguidos de olhares e murmúrios dele. Essa quietude das distâncias emocionais machuca o coração da mãe do adolescente, mas temos de enfrentar as dores, certo? A dor do crescimento deles em nós. Dói, mas passa.

Quando estamos emotivas, pode não parecer, mas tudo isso é natural. É o tempo dizendo que essa biografia recheada de histórias vividas está ingressando em um novo capítulo. Alguns dias com um tom comovente de ternura, outros aflitivos com a incerteza do não saber.

Logo mais (assim espero), essas confusões serão memórias amorosas que agradeceremos em silêncio e de olhos fechados.

Enquanto procuramos nos tornar desnecessárias, queremos ser lembradas.

Queremos ser amadas. Queremos ser presentes, ser abrigo, ser ninho. Queremos que eles saibam que sempre caberão em nosso abraço, independentemente do quanto crescerem.

# Empatia

Lembra da sua adolescência?

Das sensações da época? Dos medos, dos hormônios, das mudanças no corpo? Lembra da sensação de querer ser aceita? De sentir dificuldade em reconhecer o corpo refletido no espelho?

Difícil lembrar?

Então vamos tentar algo um pouco mais próximo do presente. Lembra de quando você se tornou mãe? Hormônios à flor da pele, o corpo transformado, sentimentos controversos, o humor variando de muito feliz para muito triste em minutos? Tudo novo, tão novo que a deixava um tanto (um *bom* tanto) quanto perdida? Lembra? Dureza, não? Então, é exatamente assim que o seu adolescente se sente.

Isso porque tanto a adolescência quanto o início da maternidade são fases de transição. Épocas de mudanças significativas na vida. Períodos de intensa transformação. Processos que demandam muito de nós.

Só que, quando temos um adolescente em casa, vivendo uma tempestade de emoções, cheio de questões, esquecemos que para nós também não foi fácil. Aliás, esquecemos que foi bem complicado.

A gente até já tem o discurso pronto, aquele mesmo usado pelos nossos pais: "Só precisa estudar, não faz mais nada. Está reclamando do quê? O que pode ser tão difícil?". Acredite, não deve ser fácil, para quem há pouco era uma criança, sentir que as pessoas esperam respostas e atitudes mais maduras, além de felicidade em tempo integral. Assim como não era fácil no início da maternidade, quando supunham que você deveria saber como dar conta de tudo e estar absurdamente feliz pelo fato de ter um bebê nos braços.

Sabemos que as coisas não funcionam assim. O processo é longo, profundo, muitas vezes dolorido e forrado de angústia.

Por isso, mãe de adolescente, nos momentos difíceis, respire no saquinho. A vida roda e agora é a sua vez de estender os braços, ainda que ninguém os tenha estendido a você. Afinal, não faz nenhum sentido ter empatia com uma mãe recém-nascida e não ter pelo seu adolescente, certo?

# O mais difícil

O meu maior desafio como mãe, sem sombra de dúvidas, é educar. Achar a medida. É confuso, desafiador, difícil pra caramba!

Por isso, se tem uma coisa que deveria ser expressamente proibida no mundo, é desautorizar mãe e pai, e também o pai desautorizar a mãe, a mãe desautorizar o pai, um responsável desautorizar o outro.

Não devia ser permitido, em hipótese alguma, fazer pouco de regras que os pais acham importantes para seus filhos.

Desautorizar é um crime. Pode causar danos horríveis.

Poxa! A gente se esforça, dá o sangue para direcioná-los e, de repente, na frente da criança ou do adolescente, a gente escuta:

"Ah, deixa ele, vai, não tem problema nenhum".

"Você deveria ter apertado a educação antes, agora não tem jeito."

"Por que não pode comer doce durante a semana?"

Será que a pessoa não imagina quanto uma frase dessas pode impactar?

Desautorizar, infelizmente, é forte e poderoso. Pode facilmente destruir uma série de coisas boas que foram construídas. É aquela história: para educar, precisamos de muito tempo. Agora, para deseducar, basta um minuto.

O adolescente começa a achar que sim, a mãe não está certa; sim, o pai pode estar exagerando; sim, a regra não faz sentido. Causa confusão. Eles se sentem perdidos.

É muito sério. Pode ser a gota que faltava para o caos se instalar.

Por isso, quando você observar um recorte da vida de uma família e não concordar com a atitude de uma mãe ou de um pai, pode ter certeza, em geral aquela ação tem razão de ser e de alguma maneira faz sentido. E sabe por quê?

Quem cria conhece os cantinhos difíceis e os mais tranquilos. Quem cria conhece as fraquezas e as fortalezas. Conhece cada pedacinho do coração, cada centímetro da alma do filho.

Quem educa uma criança não precisa de caos. Já há o suficiente. Pode apostar.

Portanto, cuidado ao falar. Educar é construir, ver desmoronar, reconstruir, quantas vezes forem necessárias.

Não seja mais um tijolo que desmorona, e sim as mãos que apoiam quem faz o trabalho mais lindo do mundo.

# Será que é culpa?

Culpa é uma das palavras mais atreladas à maternidade, já perceberam? Sempre com conotação negativa. Só que a culpa é uma coisa boa...

Não vá embora! Deixe-me explicar. Somente quem tem algum transtorno de personalidade antissocial não sente culpa. Ela tem relação com uma ação que tivemos. É empatia pelo outro. A culpa é totalmente positiva quando conseguimos assumir o nosso erro e buscamos repará-lo.

Ela só vira um problema quando não assumimos ou ficamos remoendo o que aconteceu.

O que chamamos de culpa, na maternidade, na maioria das vezes é vergonha. Sim, vergonha. Um sentimento presente em qualquer ser humano saudável. Vergonha que tem relação com o que achamos de nós e com nossa preocupação com o que pensam da gente.

Só que a vergonha é como areia movediça. Se a gente não aprender a reconhecê-la e a lidar com ela, não sai mais dali.

Vergonha é aquela voz interior que sempre nos diz que não somos mães boas o suficiente. Ela facilmente se transforma em uma "patada" no filho, no parceiro ou na parceira, em quem estiver na frente. Vira grito, falta de paciência. Como uma espécie de defesa.

Sabe por quê? Para nós, mulheres, a vergonha nasce dessa busca insana pela perfeição, do desejo inalcançável de dar conta de tudo. A vergonha aparece porque tentamos nos encaixar no que dizem que uma boa mãe deve ser e fazer, tirando-nos a coragem de expor a *nossa* verdade, aquilo que é *possível* para nós.

A vergonha nega a nossa tão poderosa vulnerabilidade, a nossa humanidade.

Tem remédio? Sim. Não se calar jamais e ter empatia por si mesma!

É difícil? Com certeza. Lidar com a vergonha é um trabalho diário. Mas, com persistência, a gente sai dessa caixa!

# Mãe cool?

Matheus falou que queria que eu fosse uma mãe mais *cool*.

Corta a cena: vamos para um dia comum em que fui buscar ele, um amigo e uma amiga no colégio.

Conversa vai, conversa vem, e Matheus, "aparecido" e leonino, solta:

"Mãe, sabia que existe camisinha feminina?".

Meu cérebro: "Como assim? Não sabia nem que ele tinha conhecimento da masculina. Onde estive desde quando ele, com onze anos, me perguntou o que era transar e eu respondi que era namorar bem juntinho e pelado?".

Respirei fundo, para não gaguejar. Imagina gaguejar, eu, uma mãe *super cool*. Só me faltava essa.

Respire, Thaís.

"Sabia sim, Theu. Onde você ouviu isso?"

"Na aula de monitoria."

"Entendi."

Fiquei quieta. Sobre esse assunto, é melhor só responder o que for perguntado e não dar muita corda. Afinal, já está tudo tão avançado... E conheço meu gado.

Ele emendou:

"Mãe, sabia que existe remédio também? Pode escolher: pílula ou camisinha masculina ou feminina".

Saquei que ele não prestou muita atenção à aula.

"Não, senhor. Remédio só previne contra a gravidez, sendo que pode falhar. Não previne, em hipótese alguma, contra infecções sexualmente transmissíveis."

Escuto vozes vindas do banco de trás.

"Verdade, tia?"

Então, acendeu uma luz. Entendi que, naquele momento, poderia ser a primeira vez que três recém-adolescentes ouviam sobre esse assunto tão importante.

Me deu um treco. Uma necessidade de gritar sobre o assunto.

*Bye, bye,* mãe, *cool, hello,* mãe doida!

"Sim, muito verdade, gente."

Matheus segue:

"Mas e se eu tiver namorada, fizer exame e souber que não tenho doença?".

Eu disse que conheço meu gado...

"Theu, o exame só mostra aquele momento. E depois? Você vai preferir arriscar, ou tornar isso tão normal quanto escovar os dentes e estar sempre prevenido?"

Então, como se eu quisesse grudar um lembrete com luz neon no cérebro deles para sempre, resolvi usar uma técnica:

"Repitam comigo: não existe transar sem camisinha!".

Eles repetiram. Me achei.

Mais uma vez, só para a gente memorizar.

Matheus repete com uma voz de "saco cheio" me olha de lado e dá aquela viradinha de olho básica (mães de adolescentes entenderão).

E eu?

Dei de ombros. Estou nem aí para esse lance de ser mãe *cool.* Eu, hein, prefiro ter filho prevenido.

# Afastamento

Quando a porta do quarto começa a ser fechada com frequência e a atenção é claramente maior para a voz dos amigos do que para a nossa, bate um desespero, não bate? Nasce no coração, dentro de nós, pais, uma sensação de impotência, de voz que não sai (como acontece nos pesadelos, sabe?). Mesmo que a gente se esforce, fale bem articulado e em bom tom.

A dúvida que paira na mente e gruda com Super Bonder no cérebro é: "E agora? O que devo fazer?". Sinceramente, estou longe de ter uma resposta mágica. Ainda tento engatinhar nesta nova fase do meu filho. Sei nadica de nada.

Porém, outro dia, quando o Matheus fechou a porta do quarto e preferiu ficar só a estar comigo na sala, lembrei da minha adolescência. Da necessidade que eu tinha de estar comigo mesma. De como aqueles momentos dentro do meu quarto foram importantes para a construção de quem eu sou. Como foram fundamentais para eu me conhecer e começar a trilhar meu próprio caminho.

Veja bem, não se trata de deixá-los ficar no quarto pelo tempo que quiserem, e que acabem, com isso, deixando de participar de programas, conversas, encontros e refeições em família. Longe disso. Acredito que tudo isso seja fundamental e inegociável. Mas existe, sim, um afastamento necessário nessa fase. Faz parte. E, o principal: é saudável.

Talvez o segredo seja confiar naquilo que colocamos na mochila deles ao longo desses anos. Valores, exemplos, princípios. Acreditar na jornada que trilhamos ao lado deles até aqui. E estar sempre, sempre disponível do outro lado da porta.

# Menina-moça

WILLIAN ZANFIROV

Estava tranquilo na cozinha de casa, tomando meu cafezinho, quando ouço minha filha chamar pela mãe. A voz estava diferente. Nunca havia escutado aquele timbre.

Imediatamente, pensei: "C&*#@, não é possível? Já? Não estou preparado. Não era para acontecer daqui uns dois ou três anos?". Saí para regar as minhas orquídeas. Talvez por não querer enfrentar a realidade.

As risadas vindas do banheiro evidenciavam que sim, minha pequena tinha acabado de virar uma moça.

Meu Deus, o que eu devia fazer?

Senti desconforto, angústia e um pouco de tristeza. Sensações misturadas. É difícil descrever.

Sempre fui muito tranquilo frente às mudanças. Mas dessa vez foi diferente...

Era fim de tarde. Começou a garoar. O céu estava alaranjado. Olhei para cima e senti uma espécie de nostalgia. Aperto no peito. Passou um filme na minha cabeça.

Pouco depois, minha filha veio em minha direção e contou a "novidade". Abracei ela forte, não queria soltar. Fiz o sinal da cruz na sua testa, abençoando-a.

"Parabéns, filha. Agora você é uma moça!"

"Isso é bom, pai?"

Mesmo não querendo transparecer a mistura de emoções, a voz embargou:

"É maravilhoso".

Eu precisava fazer alguma coisa especial. Afinal, era um momento para lá de único. Foi então que tive a ideia. Convidei-a para jantar comigo. Só nós dois. Eu e ela, ela e eu.

Ela se arrumou toda. Pegou uma bolsa para levar absorventes. Eu disse que a "bolsinha de unicórnio" não era apropriada para a ocasião. Rimos.

Conversamos durante todo o trajeto. Ao chegar ao restaurante, desci do carro e abri a porta para ela. Ela sorriu, achando tudo aquilo o máximo.

Conversamos sobre tantas coisas... Foi uma noite tão gostosa. Conforme ela falava, percebia a singularidade da nossa relação. Ao longo dos anos, construímos um vínculo de afeto, confiança, amor e respeito. Silenciosamente, agradeço pelos princípios e valores que transmitimos a ela. Mas, também, sei que ainda temos muita coisa pela frente.

"Filha, espero que você tenha gostado da nossa noite. Quero que saiba que é assim que você merece ser tratada. Nunca aceite menos que isso."

Ela me agradeceu e me abraçou, emocionada.

E eu? Meu coração foi invadido por uma sensação boa e cheia de paz, aquela de "missão cumprida".

# Aborrecente?

Está com um adolescente em casa? Posso pedir a você um favor? Não é para mim, é para ele. Não use a palavra "aborrecente". Sim, eu sei que, de tão usada, essa palavra praticamente já faz parte do dicionário. Mas... lembra da história dos *terrible two*? Pois é: para que rotular uma fase com uma palavra tão pesada?

"Aborrecente" vem da junção de "adolescente" com "aborrecer". Aborrecer significa ter ou causar horror ou aversão, desagrado; abominar ou provocar abominação. Causar ou sofrer desgosto ou contrariedade; desgostar(-se).

Veja bem, eu sei que não é tranquilo lidar com o filho adolescente. Sei que a cada dia parece que convivemos com um jovem diferente. Tenho um exemplar em casa.

Sei que, quando dizemos um "não", a tromba deles dá a volta no quarteirão. Sei que as batidas de porta são tão fortes que parecem implodir a casa. Sei dos choros com gritos, somados a frases pesadas que parecem nos ferir direto no coração. Sei do nervoso que dá ver olhos virando enquanto você faz recomendações antes de deixá-lo na porta do cinema. Sei que você se sente uma contorcionista tentando encontrar uma brecha para desenrolar um papo. Sei que fica chocada quando aquela criança que nem conseguia executar a dancinha na escola, porque só queria o seu colo, agora fica constrangida quando você vai atrás para dar um beijo no fim da apresentação.

Mas, assim como você, eu já fui adolescente. Lembro-me bem de como não era fácil administrar a relação com meus pais, o que se somava aos hormônios, às paixões, aos estudos, inseguranças, espinhas e, ainda, à preocupação em ser aceita pelos amigos e lidar com o corpo se transformando. Sei que já não é fácil não ser criança e ao mesmo tempo ainda estar bem distante da liberdade desejada. Eu sei – e tenho certeza de que você também sabe.

Por isso, siga disciplinando, estabelecendo limites, sem medo. Surte se achar necessário. Mesmo quando tudo parecer que vai colapsar com tantas batidas de porta, olhos virados e lágrimas de revolta, tenha certeza: tudo o que seu adolescente não precisa nesse momento é achar que aborrece a vida dos pais. Todo cuidado é pouco. As palavras têm poder.

# É certo

Um dia seu adolescente vai decepcionar você. Provavelmente não vai ser só uma vez. Dói, eu sei. Mas é assim.

Isso porque a adolescência é uma fase de autoafirmação perante os amigos. É uma fase de confusão interna e de atitudes tomadas no impulso, sem medir consequências.

No fundo, a gente sabe disso, mas esquece. Esquece, porque agora somos os pais.

Tivemos semanas difíceis por aqui. E tudo isso gera reflexão. Alinhar e rever a educação é para os fortes. Refletir sobre conceitos, traçar novas rotas, isso cansa. Dá trabalho pra caramba.

Depois de tanta insistência ("Mãe, deixa vai?"), empenhar-se para estabelecer regras claras e cuidar para não voltar atrás em decisões tomadas com consciência não é tão simples quanto parece, concorda?

É muito mais cômodo reservar o fim do dia para cada um relaxar no sofá com suas próprias telas, não é?

Só que é aí que mora o perigo. Bem aí, no meio do conforto do seu lar. Sem perceber, os dias passam, as conversas evitadas se acumulam. Deixam de existir. Instalam-se lacunas. A gente até tenta falar, mas escuta "Mãe, tá terminando a partida, o filme, o vídeo..." Não é assim que acontece? Não tenha vergonha, somos todas mães tentando achar um norte nesta era das telas.

Enfim, a verdade é que muitas vezes nos deixamos vencer pelo cansaço. Um grande erro, pois são eles, os filhos, que devem ser vencidos pelo cansaço. Do contrário, nossa voz fica sem força, nossa palavra, sem respeito, e o barco perde a direção. Porque eles brigam, reclamam, estão no papel deles. Mas são as regras e os limites que damos que os mantêm bem direcionados.

É importante ter compaixão pelo seu adolescente? Claro que sim. E ainda mais importante é não deixar de disciplinar.

Como diria o poeta, compaixão é, sim, fortaleza, mas disciplina é liberdade.

# Adolescência neuroatípica

PRISCILA BACCIN

Se você se pega pensando em todas as situações e desafios que vai passar com seu adolescente, consegue imaginar como fica a cabeça de uma mãe que tem um adolescente neuroatípico? Pois é, eu tô nessa! Meu filho passou e passa por mudanças no comportamento o tempo todo. Sai ano, entra ano, muda tudo! O tempo todo!

"Ah, mas com o meu adolescente típico também!" Eu sei, juro que não é competição, já fui adolescente e recordo como foi para mim.

O fato é que meu filho sempre teve dificuldade em socialização. Tem diagnóstico de TDA (Transtorno de Déficit de Atenção) e atraso no desenvolvimento (que desencadeia atraso na fala e estereotipias do autismo).

Ele tem o raciocínio de uma criança de sua faixa etária, mas o comportamento não acompanha. Consegue ser independente nas tarefas diárias, ficar sozinho em casa, e adora. Por vezes, implora para que eu fique algumas horas fora. Sempre teve apoio pedagógico, mas hoje só tem mais dificuldade em disciplinas específicas.

Que ele terá um tempo próprio para essa tal adolescência chegar, disso eu já sei! Mas quem não espera são os adolescentes que convivem com ele na vida escolar. E aí tudo se complica. A dificuldade do outro em acolher e entender é conflituosa e gera mil emoções nessa mãe que vos fala!

Quanto a ele, parece que criou um escudo de proteção. Por vezes não se importa com tudo que enfrenta.

Os olhares, os julgamentos, os risos e a exclusão acontecem ano após ano. Mas ele tem opinião forte, sabe se defender e hoje não aceita que sua diferença seja tomada como incapacidade. Cada dia ele se vê mais capaz de conquistar o que quer.

Ele sabe ser feliz sozinho! Eu sempre vi isso com muita tristeza, mas a cada dia aprendo com ele que o amor mais importante é aquele que devemos sentir por nós mesmos!

Eu sei que meu adolescente não passará pela mesma adolescência que eu passei. Que não terá a roda de amigos sempre a rir e aprontar. Não sairá à noite e me deixará acordada esperando voltar. Sei também que a namorada irá demorar mais tempo do que o previsto para se sentar no meu sofá.

Mas sou feliz em saber que sua hora vai chegar e que o meu colo estará sempre preparado para quando ele precisar.

# Que vergonha!

Cena: eu e Matheus, que, como já contei, tem doze anos e acha que tem dezoito, entrando no anfiteatro da escola para assistir a uma apresentação.

Pergunto para a minha amiga se tem lugar para nós dois perto dela. Ela diz que só guardou um, pois não sabia que ele viria.

Ele: "Mãe, fala mais baixo. Que vergonha, parece que você está desfilando. Anda direito".

Oi? Anda direito? Como assim anda direito, se fui eu que, andando desse jeito, segurei as mãos dele quando ele estava aprendendo a andar? Pense na vontade que tive de fazer ele engolir letra por letra do que sua boca dura tinha dito. Respiro, tento me acalmar. Temos que escolher as batalhas, lembra?

Logo após a patada, ele caminha tão distante de mim que parece que tenho alguma doença contagiosa.

Achamos dois lugares. Nos sentamos. A turma toda do colegial atrás de nós.

Ele? Fone no ouvido. Eu? Empenhando-me para engatar um papo.

"Theu, aquela ali não era sua professora?"

"Sim."

"Aquela menina do nosso prédio já se formou, né?"

"Sim."

"Tá com frio?"

"Não."

As malditas respostas monossilábicas que irritam qualquer mãe. Comecei a me irritar. Ele? Continuava dizendo para eu falar mais baixo. Acontece que, se eu falasse mais baixo, nem eu mesma seria capaz de ouvir minha voz.

Então, a apresentação começa. Ele? Fone no ouvido e celular na mão.

Pedi para tirar imediatamente. Ele se recusou.

Dei uma "subidinha no tom", se é que vocês me entendem.

"Credo, mãe, você tá parecendo o Paulo Gustavo no *Minha mãe é uma peça.*

Ele? Continua com o fone e olhando para o celular.

Eu? Com os dentes bem apertados e querendo jogar longe os fones e o celular dele.

"Pareço? Verdade? Ótimo. Então deixa eu te contar, se você não tirar esse fone do ouvido e guardar esse celular neste segundo, eu juro que subo naquele palco e encarno dona Hermínia aqui, agora. Ai sim você vai entender o que é passar vergonha."

Ele? Arregalou os olhos. Imediatamente tirou os fones, guardou o celular e, pasmem, até pediu desculpas.

Eu? Sorriso de canto de boca. Dentro de mim, tocava "We Are the Champions".

Até que não tinha sido ruim encarnar a "dona Hermínia".

# Virtual e real

Criar adolescentes, hoje em dia, não é em nada parecido com o que era há vinte anos. Nada.

Atualmente, criar adolescentes é educar duas vezes. Educar em dois mundos: o real e o virtual. Eu posso garantir que, de certa forma, o real é muito mais fácil de controlar. De encarar. De lidar.

O virtual, quando não tem supervisão, equivale a pedir ao filho para descer do carro, largá-lo no meio da rua e ir embora. Não se engane: seu filho pode estar ali no quarto; se estiver na internet, sem supervisão, estará solto no mundo.

O virtual, em silêncio e sem controle, rouba. Rouba ingenuidade. Brincadeira. Tempo em família. O virtual, se não gerenciado com pulso firme, rouba etapas. Pula os degraus que eles, seres em construção, precisam para não cair em ciladas, nem meter os pés pelas mãos. Ou se calar quando precisam desesperadamente dizer algo.

E as consequências? Grandes e profundas. Escandalosas ou silenciosas.

Seu filho, que você sabe ser um bom menino, por trás das telas, para se autoafirmar, pode fazer coisas que você nem imagina. Pode se enrolar. Se comprometer e se queimar. Pode ter atitudes que jamais teria no mundo real. E cada palavra, cada vídeo, cada foto, fica ali, registrado para sempre.

Seu filho, com quem você tem uma boa troca, pode se calar diante de situações horríveis no mundo virtual.

Isso tudo porque eles, com doze, treze, catorze, quinze, dezesseis anos, ou até mais, não têm maturidade para caminhar sozinhos nesse mundo tão novo e complexo.

Seu adolescente precisa desesperadamente de seu olhar e de sua orientação para viver e conviver no mundo virtual. Sei que demanda tempo, sei que controlar dois mundos não é fácil. Mas é o que temos hoje. Por isso, esteja atenta, mãe, esteja atento, pai. Oriente. Troque. Converse. Fique por dentro das amizades, das conversas, e não caia nesta ladainha de "Mãe, eu tenho direito à privacidade". Privacidade no mundo virtual é igualzinha à do mundo real. É algo que se conquista com o tempo e com muita, muita, muita supervisão.

# Droga é ruim, né, mãe?

Dia desses, o assunto aqui em casa foram as drogas.

Com um filho de doze anos, eu tinha certeza de que cedo ou tarde esse assunto viraria pauta por aqui.

"Droga é ruim, né, mãe? Você já experimentou?"

"Não, filho, nunca. Nem cigarro. Agora, se é ruim? Não, infelizmente os relatos contam que a sensação que a droga traz é incrivelmente boa."

"Como assim? Mas o nome não é droga porque é ruim?", pergunta Matheus, com ar de adolescente que sabe de tudo.

"Filho, droga é uma 'droga' porque faz mal. Muito mal. Claro que é uma coisa ruim. Mas você acha mesmo que se a sensação que ela causa fosse ruim teria tanta gente viciada?" Expliquei que os relatos são de sensação de poder, energia que não acaba e impressão de invencibilidade para alguns tipos de droga, e de paz e tranquilidade para outros. Viciados relatam que a droga tem o poder de apagar problemas e camuflar dores emocionais e físicas. "É uma espécie de fuga do mundo real", emendei.

"E por que você nunca experimentou?", ele questionou.

"Porque minha mãe sempre me alertou que a sensação era boa, mas que fazia um mal danado. Ela me contava histórias de conhecidos que se tornaram viciados. Então, com o tempo, as mesmas histórias se repetiam com conhecidos meus. Sabe, Matheus, a gente não faz ideia do tamanho de nossa predisposição ao vício. Experimentar é um enorme *tiro no escuro*. É um risco danado. Sem sentido. É engraçado você me perguntar o motivo de eu nunca ter experimentado. Sabe que nunca pensei sobre isso?"

"Sério?", ele questionou, surpreendido.

"Sim. Mas, parando para refletir aqui, acho que nunca experimentei porque minha mãe sempre me disse a verdade. Sempre respondeu tudo o que eu perguntava, sem medo. Ela matava toda e qualquer curiosidade que eu tinha. E outra: ela sempre me ensinou sobre a preciosidade da vida. Acho que a verdade e o amor à vida me protegeram. Espero que protejam você também."

Ele ficou ali, com o olhar pensativo enquanto eu rezava, em silêncio, para que ele tivesse absorvido cada palavra.

"Se quiser conversar de novo é só falar, tá bom?"

"Combinado, mãe."

# Não é cor-de-rosa

LORENA RESENDE

Sempre quis ser mãe de menina. Nomes, roupinhas, lacinhos, tudo me encantava. Minha cabeça girava no imaginário cor-de-rosa. Fui abençoada com duas meninas – hoje tenho duas adolescentes em casa.

Com o passar do tempo, a visão de como educar minhas filhas foi mudando. Cada fase abriu novos desafios e me trouxe a maturidade de perceber que não é fácil criar meninas hoje em dia.

Minha geração já veio com inúmeros direitos, liberdade e clareza sobre muitas coisas. Mas ainda veio cheia de estereótipos sobre o papel e o lugar da mulher. Por isso, sempre impulsionei minhas meninas. Sempre disse o quanto elas são incríveis. Sempre as incentivei a fazer o seu melhor, a buscar seu potencial e a nunca, jamais, permitir que alguém as faça se sentir inferiores.

Só que algo tem me incomodado. Sinto que as meninas têm se perdido no conceito tão famoso do empoderamento feminino. Veja bem, claro que é importantíssima a luta para que mulheres tenham exatamente os mesmos direitos dos homens. Óbvio que nada pode limitar os sonhos de uma garota, de uma moça, de uma mulher. Observo, no entanto, que a coisa pode caminhar para um extremo perigoso.

Sinto que as garotas de hoje às vezes se confundem e não entendem o que, de fato, significa esse empoderamento, passando a usá-lo como desculpa para assumir comportamentos que não são bons nem saudáveis para ninguém, independentemente do gênero, abusando de agressividade, impetuosidade, tomando atitudes que por vezes não consideram os próprios limites e os direitos do outro, inclusive de nós, mães e pais.

Cada pessoa tem sua essência, e é muito importante valorizá-la, assegurar que suas escolhas serão aceitas, mas os adolescentes devem saber que são responsáveis por suas ações. Do mesmo modo que eu acho terrível um rapaz sair por aí achando que liberdade é poder desrespeitar regras e pessoas, também me parece terrível observar uma moça fazendo o mesmo.

É exatamente isso que passo para as minhas filhas. Os princípios, o limite e o respeito devem ser iguais para homens e mulheres. Isso é igualdade de gênero.

Não penso como minha mãe e não espero que minhas filhas pensem como eu, mas acredito que, neste caso, não importa a geração: os valores, o respeito, o cuidado, a humanidade e a empatia devem sempre ser a base para guiar meninos e meninas, moços e moças a encontrarem o seu caminho.

# Bullying, desafios na internet, novos influenciadores digitais

Essas são questões que se encontram no *top list* de sucesso das conversas dos pais.

Crianças e adolescentes sofrem calados, se metem em situações complicadas e têm medo de sair. Escutam besteiras na internet e absorvem cada palavra.

Por que será? Já parou para pensar? O que estará tão errado?

Não é fácil ser mãe e pai hoje em dia, eu sei! Muitas vezes, eu mesma me sinto sufocada em meio ao controle que exige essa tal tecnologia na palma da mão. Mas, já pensaram como também deve ser difícil ser criança ou adolescente no mundo de hoje?

Parece claro o que falta nessa questão: paradoxalmente, falta comunicação.

Os pais não têm se comunicado com os filhos o quanto deveriam, devido à correria e à "tecnologia na mão". Isso é tão sério! Em meio ao mar de aparelhos comunicadores, estamos criando uma geração de crianças que fala pouco e acaba sofrendo muito.

Por isso, muitas vezes há bullying, desafios, influências ruins, mas a grande vilã que está por trás desses problemas é a falta de conversa.

É chato ter que ficar vendo se o youtuber preferido fala coisas sem sentido? Dar uma olhada no WhatsApp para ver o que rola? Sim, muito. É chato ter que colocar limites e ajustar regras o tempo todo? Demais! É muito difícil saber o quanto é ok usar o celular? Com certeza. É tudo novo para você – e, igualmente, para mim. Mas a vida dos pais de hoje passa por aí. Não tem jeito.

Pergunto: como um adolescente pode desenvolver segurança e autoestima sem conversa, sem limites? Como queremos que nossos filhos nos relatem as coisas se não temos tempo suficiente, se eles estão no celular e nós também? Não tem jeito! Você pode correr para onde for, psicólogo, o megaexpert em adolescentes, qualquer um. Se você não abrir um bom canal de comunicação com seu filho, se não se aproximar, conversar, explicar, deixar ele falar, se interessar pelo que ele diz, procurar entendê-lo verdadeiramente, não tem saída. A chance de ele sofrer ou causar bullying, por exemplo, e não revelar, vai ser alta. A chance de ele se envolver em um desses desafios horrorosos na internet e se calar sobre isso está instalada. A chance de ele escutar e copiar cada palavra que o rapaz da internet disser é maior do que pode parecer.

Por isso, na hora que seu filho falar sobre algum assunto, puxe a linha, como o gato faz com o novelo. Puxe o máximo que puder.

# Eu quero!

Realmente não sei o que acontece, mas, quando eles entram na adolescência, parece que nasce no estômago deles uma outra pessoa – que, assim como eles, também tem muita fome. É assustador! Juro, fico chocada!

A compra que eu costumava fazer no mercado chega a ser ínfima perto do que tenho de comprar hoje para alimentar meus adolescentes (sim, Thomás também já entrou nessa), além do Tasmânia e do Draga (nome que eu dei para quem habita o estômago de cada um).

Acha que estou exagerando? Ontem, saímos para jantar. Thomás comeu um prato gigante, com uma boa quantidade de arroz e feijão, um belo pedaço de carne, uma porção de fritas e mais um ovo, para dar aquele arremate. Ele comeu absolutamente tudo. Sabe o que perguntou depois?

"Mãe, posso ir ali pegar um lanche?"

"Filho, não é possível que você ainda esteja com fome."

"Mas eu tô, mãe."

Outro dia, Matheus – que não faço ideia de como pode ser tão magro! – almoçou superbem, mas tão logo terminou deu uma "xeretada" na geladeira e acabou esquentando dois pedaços de pizza que tinham sobrado do dia anterior. Só um detalhe: pizza, para ele, só se for com muito ketchup.

Quando não é pizza, às vezes rola no meio da tarde uma pratada, nada modesta, de macarrão na manteiga. Tem também o Doritos, que não pode faltar, os M&M's, as balas, a pipoca, o brigadeiro e o famoso bolo de cenoura. Tento manter os doces apenas no fim de semana, mas, sendo bem sincera, não é sempre assim que acontece.

"Ah, Thaís, esses meninos devem estar com lombriga, só pode ser."

Juro que não! Dou vermífugo uma vez por ano.

Só penso nas mães dos pratos milimetricamente equilibrados, sem nada de conservantes, achando que os filhos serão sempre as pessoas mais saudáveis do planeta. "Sabem de nada, inocentes".

E aquelas mães que ficam desesperadas porque os filhos não comem? Queridas, estejam certas de que, na adolescência, eles vão comer tudo o que não comeram e mais um pouco. Só de respirar o que esses meninos comem, eu engordo! Cada pratada de arroz com feijão que eles batem me alimentaria por uma semana!

Olha, mando um salve para o metabolismo na adolescência. É o meu mais novo sonho de consumo. Será que tem para vender?

# O que tem na sua mochila?

Ei, mãe, não se assuste com o peso. *Maternar* traz essa carga não só para você, mas para todas nós. Esse peso, que mais parece uma mochila abarrotada que a gente carrega todo o santo dia nas costas, existe. Mas não é natural.

O peso existe por causa dos milhares de livros e métodos. Existe por causa das mil e uma formas de carregar, alimentar, educar, cuidar. Existe porque a impressão que se tem olhando as redes sociais é de que as mães dão conta de trabalhar e de estar com os filhos, livres, leves e soltas, enquanto você se sente perdida, pesada, amarrada, cansada.

Existe porque você quase morre para fazer tudo como manda o figurino, guiada por um método infalível de educação, mas seu filho continua rebelde. Existe em função do excesso de informação e de cobranças. Existe por causa de malditas regras engessadas. Existe porque, em meio a todos os métodos, livros, práticas e técnicas, é difícil enxergar a sua singularidade, assim como a de seu filho.

Amiga, é muito difícil ser mãe hoje em dia. É difícil encontrar o nosso instinto. Que está encoberto por tantas informações. É difícil aceitar que nunca vamos dar conta de ler todos os livros que desejamos e os *prints* que tiramos de assuntos interessantes. É difícil porque, quando a gente pensa em tirar algo da mochila, parece que estamos sendo "menos mães". E não! Jamais! Pelo contrário: essa é a única saída para podermos *maternar* com mais leveza.

Exercitar a escolha, conseguir abrir mão de se matar para fazer os pratos lindos que a mãe do Instagram faz quando isso não faz parte da mãe que você é. Aceitar, com amor, o que você dá conta de carregar. Aquilo que é essencial para você e para o seu filho. Só assim a mochila vai ficar mais leve, só assim o seu *maternar* será guiado por você.

Veja bem, não tenho absolutamente nada contra livros (inclusive os escrevo), métodos e coisa e tal. Informação é muito importante. Mas ainda mais importante é separar o que vamos ou não carregar.

*Maternar* também é natural. Por isso, nunca se esqueça: sua mente muitas vezes a aprisiona, enquanto o seu coração sempre a libertará.

## Brothers

Vê-los juntos é a coisa mais bonita que meus olhos já presenciaram!

Quando o Matheus sai, o Thomás fica com saudade e pergunta do irmão.

O Matheus protege o Thomás com unhas e dentes. O Thomás é fã do Matheus.

Irmão tem aquela coisa, né? Mal, só a gente pode falar. "Não mexe com o meu irmão."

Ah, mas é só coisa boa? Nem de longe! Tem briga? Claro. Tem provocação? Com certeza. Ciúmes? Óbvio.

Afinal, ter um irmão é sinônimo de dividir. O pai, a mãe, os avós, o espaço, a atenção.

"Ah, mas dividir é tão bom." Claro que é positivo para o desenvolvimento deles, mas vai lá dividir, alecrim dourado, para você ver. Não é fácil, ainda mais sendo uma criança.

Ter um irmão é sinônimo de treta, choradeira, puxão de cabelo. Confusão para ver quem vai se sentar no melhor lugar do sofá, ou para quem vai no banco da frente.

Ter um irmão é aprender na marra a esperar, é "encheção" de saco, teste intensivo de paciência. É dividir o mesmo banheiro e conhecer o cheiro do pum e do cocô do outro.

"Ah gente, que fedor, quem foi?" (Gargalhadas.)

"Foi o Matheus, é o cheiro do pum dele, mãe. Matheus, cê tá podre." (Mais gargalhadas.)

Ter um irmão não é fácil – muito menos, confortável. Só que a parte "ruim" de dividir fica pequena quando se sabe que, não importa o que aconteça, você sempre terá alguém para ouvir suas dores. E, o principal, esse alguém sentirá as suas dores como se também fossem dele. Assim como escutará suas alegrias e sentirá exatamente a mesma sensação boa que você sente.

É muito louco. A princípio, pode até parecer romântico, mas é exatamente assim que acontece com quem sente esse amor.

Ter um irmão é crescer junto, e isso tem um significado tão profundo que é impossível descrever.

Acima de tudo, é a certeza tranquila de ter alguém olhando por nós quando os nossos pais se forem. Se existe coisa melhor do que isso, desconheço. Por isso, a gente insiste e não cansa de repetir: "Ele pode ter mil defeitos, mas é o seu irmão e sempre vai te amar".

# Fica esperto por aí, hein?

Outro dia, uma leitora me procurou. Disse que estava preocupada. A filha contou que os amigos e amigas de catorze, quinze anos estão fumando e bebendo e, por essa razão, "a social" que ela fez na casa dela foi um desastre (foi todo mundo embora). Afinal, não tinha bebida...

Eu sei (tenho um filho de catorze) que, infelizmente, muitos adolescentes começam mesmo a beber e a fumar nessa idade.

"É verdade esse bilhete". Muitos adolescentes de cartorze ou quinze, e, pasmem, até de treze, estão fumando e bebendo. Isso é um fato. Acredito, no entanto, que a discussão aqui seja: como vamos agir, como vamos orientar, quais limites vamos estabelecer?

No meu ponto de vista, achar normal um adolescente beber e fumar aos catorze anos é uma baita falta de responsabilidade. A gente já sabe que juízo é uma coisa que eles não têm, não é mesmo? Por isso, temos a obrigação de tê-lo de sobra.

Talvez a primeira coisa a se fazer seja entender que querer ser o tempo todo legal, descolada, mãe *cool*, para que a turma goste de você, "É uma cilada, Bino". É uma atitude infantil.

Agindo assim, você apenas conseguirá parecer boba para a turma, e correrá o risco de ter sérios problemas se algum rapaz ou moça, menor de idade, beber demais na sua casa. Outra consequência possível é que os outros pais não permitam mais que os filhos frequentem sua casa.

O que pode funcionar?

Converse! Converse muito com seu adolescente. Detalhe: não tudo de uma vez, e também não deve ser um papo impositor, dono da verdade; de preferência, conte experiências e histórias com relação ao tema. Além disso, estabeleça uma relação de confiança e regras claras quando seu adolescente sair.

Outro dia, meu filho perguntou se podia fazer uma social aqui no salão do meu prédio. Deixei. Disse que confiava nele e relembrei os nossos combinados. Os amigos ajudaram a organizar. Também orientei os mais próximos. "Pode deixar, tia, tá tudo dominado." Funcionou superbem. Tomaram refrigerante, conversaram, pediram pizza. Disseram que foi bem legal.

Meu filho tem total liberdade para sair com os amigos, participar de festinhas, fazer reuniões aqui. Já fizemos várias "hamburgadas". Minha casa vive cheia de adolescentes, mas meu filho sabe muito bem que, se ele beber ou fumar com catorze anos, perderá minha confiança.

Você concorda que, conversando e estabelecendo regras claras, mesmo que eles as burlem (a gente sabe que vez ou outra isso pode acontecer), a chance de eles exagerarem, de "dar uma merda", é bem menor?

Falo sempre com meu filho a respeito de minha relação com o cigarro, que é zero. Mando reportagens. Mas também digo que, quando ele tiver a idade certa, se ele quiser experimentar, eu gostaria de ficar sabendo. Ele diz que nunca vai fumar, que se preocupa com a saúde. Amém, senhor.

Também falo com ele sobre bebida, das sensações que ela traz, mas também digo que o mais feliz, o que curte mais a noite, é aquele que procura conhecer e respeitar o próprio limite, e que não é à toa que bebidas alcoólicas só podem ser vendidas a quem tem mais de dezoito anos.

Temos que ficar espertos com eles, não podemos ter medo de proibir o que não devem fazer de jeito nenhum.

Muitas vezes eles dizem coisas com o objetivo de nos fazer passar por chatos, ou quadrados, quando só estamos tendo bom senso.

Quando se trata desse tipo de assunto, essa história de que "hoje é diferente, mãe" é papinho para boi dormir. Os anos passam, as gerações se sucedem, mas existem coisas que definitivamente não mudam. Não se engane!

# Uma boa tática

RENATA KOELLE

Quando a adolescência do meu filho chegou, percebi que me tornei uma mãe imperativa, no sentido literal da palavra. Uma mãe mandona.

Não sei dizer se eu já era assim ou se fui me transformando com receio de perder o controle do meu filho, que ia crescendo e se tornando naturalmente mais independente.

Acho que dizer "não" me dava uma sensação de segurança. Afinal, dizer "não" deixava ele em casa, seguro. Perto dos meus olhos.

Mas o que aconteceu a seguir foi que os pedidos se tornaram cada vez mais e mais frequentes. "Mãe, posso ir?"; "Mãe, todo mundo vai"; "Mãe, eu quero sair com meus amigos"; "Mãe, por favor"; "Mãe, é fim de semana, deixa, vai?"

Foi então que, em um dia qualquer, quando eu disse "vou pensar" em vez de "não", aprendi, sem querer, uma tática que tem me ajudado demais nesta fase como mãe de adolescente.

Vou explicar. Não dizer "não" de bate-pronto me dá tempo de respirar e pensar com calma, inclusive nos possíveis argumentos que com certeza vou receber diante de uma possível negativa. Essa tática, além de ajudar a acalmar os ânimos por aqui, muitas vezes faz com que o desejo do meu filho de fazer algo se atenue. É isso. Durante esse tempo em que estou pensando, a vontade de ele fazer algo não está mais tão à flor da pele como na hora em que ele pediu. Porque adolescente é assim, uma hora quer muito, minutos depois aparece outra coisa, outro programa, os amigos não podem ir...

A conclusão é que aquilo pelo que teriam brigado se você dissesse um não de imediato pode não importar mais duas ou três horas depois. Quem não quer uma tática que evite brigas e embates desnecessários?

O "vou pensar" não é positivo apenas para as mães, é um exercício importante para eles saírem um pouco desse imediatismo ansioso da adolescência. Por isso, sugiro tentar. Segurar o ímpeto. E, em vez daquele "não" impulsivo, diga "vou pensar". Combinado?

## Solte

Uma hora ele vai ter de ir sozinho ao cinema, à festa, à balada, ao "rolê". Uma hora vai ter de ir para a viagem com os amigos e para a de formatura também. Não adianta negarmos tudo isso, impulsionados pela preocupação. Não é justo usar nossa autoridade para evitar o que precisa ser vivido por eles.

Claro, existe idade para tudo. Claro, cada mãe sabe o tempo de seu filho. Claro, temos de estar por dentro. Claro, devemos pensar e repensar mil vezes, aconselhar, orientá-los a saber dizer não e a ter opinião própria.

Só que não adianta se iludir achando que só vai dar para deixar ir na hora em que "eles estiverem preparados". Sabe por quê? Eles nunca estarão. Afinal, são as vivências que irão prepará-los. É no errar e no acertar que eles vão achar a medida. É por intermédio das experiências que eles nos passarão ou não a segurança para permitir ou negar das próximas vezes.

Veja bem, eu sou mãe como você. Sei o quanto é difícil. Sei, também, a tranquilidade que representa dizer não quando a preocupação bate. Um dos nossos papéis mais difíceis, e uma grande prova de amor e de respeito pelos nossos filhos, é saber soltá-los. Pouco a pouco.

Deixar ir pode ter consequências negativas? Sim, claro. Como toda escolha. Arriscamos todos os dias. Acontece que, superficialmente, não deixar pode até passar uma sensação de proteção. No entanto, se olharmos com atenção, pode ser algo bem negativo para a formação deles. Não ter a oportunidade de viver o que seus pares estão vivendo pode gerar revolta e atrasar o amadurecimento. Muito se perde. Pouco se constrói.

Por isso, se o seu filho já transmite alguma confiança, dê-lhe um voto. E, como toda mãe e todo pai que autoriza seu adolescente a sair de casa, foque na prece. Acredite na educação que você deu. Coloque nas mãos de Deus. Entregue. Afinal, isso também faz parte do nosso papel.

# Mãe amiga?

A maior lenda que martela a cabeça dos pais que estão caminhando em direção à adolescência dos filhos, hoje em dia, é a seguinte: a de que é possível ser amigo do filho adolescente. Desculpe se estou contando algo chato ou estragando seus planos. Insistir com isso, no entanto, é frustração na certa. É sentir a rejeição dar com a porta (do quarto) na sua cara. No sentido literal da palavra.

Eu sei. A gente cai na lenda. Insiste, bate a cabeça (na porta) mil vezes. Mas, se refrescarmos a memória e lembrarmos de nossa própria adolescência, conseguiremos entender.

Pais e filhos, principalmente nessa fase, podem e devem ser próximos, ter liberdade de conversar sobre diversos assuntos. Precisa haver muita troca. O canal não só pode, como *deve* ficar aberto. Mas há um espaço deles e outro nosso, que precisam ser respeitados.

Um amigo pede para você ir estudar quinhentas vezes? E o orienta zilhões de vezes antes de ir para o rolê com a galera? Pede para você tirar a roupa do chão do banheiro ou para passar uma escova no cabelo bagunçado? Não, né? Um amigo pede o seu celular para checar as suas conversas? Claro que não!

Percebe como é uma furada criar essa expectativa? "Brother" é "brother". "Sister "é "sister". Não serão mãe nem pai. Não nessa idade.

Amizade tem relação com troca de confidências. Parceria em aventuras, acobertamento de "cagadas". A gente sabe muito bem disso, vai? Sabemos, também, que esse não é nem de longe o nosso papel. A gente sabe que insistir na amizade com o adolescente só vai confundir as coisas. Além disso, tira a força da nossa voz, que eles tanto "odeiam", mas de que tanto precisam nesse momento. Eu sei que nosso papel não é nada *cool*. Por vezes, é um porre. Mas é o nosso papel.

É muito mais inteligente e importante cobrarmos respeito, limite e educação, mesmo sabendo que isso pode significar insatisfação e revolta da parte deles, do que forçar uma amizade. Ausência de amizade nessa fase não é falta de amor. Muito pelo contrário.

Tenho certeza de que, agindo assim, a chance de vocês virem a ser amigos lá na frente será muito maior.

# Tem briga, sim senhor

SUELMA KZAM

A gente briga todo dia. Opa! Melhor refazer essa frase! A gente briga quase todo dia. É, querida amiga com bebês fofos, de pezinhos rechonchudos e sorrisos banguelas, eu a entendo! Sua fase aí do comecinho também não é fácil, não. E não é que aqui seja mais difícil (ou será que é?). Mas, confesso, entre o cocô da madrugada misturado com a privação de sono e o sono profundo do adolescente à *la* bela adormecida, que desperta cheio de mau humor faltando vinte minutos para ir à escola, fica difícil de escolher.

Calma, não esqueci da briga lá em cima, não! Deixa eu explicar. É assim: primeiro a gente ama, ama e ama de forma sufocante e nunca deixa de amar. Depois, a gente começa a odiar alguns pequenos defeitinhos que vão se formando neles. E, pasmem, muitos deles nós mesmas ajudamos a moldar.

Então, com o tempo, a gente vai percebendo um efeito meio "Matrix": tô brigando comigo mesma (sou eu do passado no corpo do meu filho), meu filho tá brigando com a minha mãe (ou seria eu hoje, sendo mãe?). Que confusão! Se duvidar, nessa hora até Piaget se remexe no túmulo.

E as brigas são por tantos motivos. Falta de colaboração, falta de comprometimento, egocentrismo. Por eles quererem tudo o tempo todo (a festa, o cinema, a social, em um *looping* sem fim). As brigas servem para colocar limite quando é necessário, e educação onde falta. Os limites são para a gente criar seres humanos equilibrados.

O fato é que nessa briga intergeracional acabamos nos dando conta da pessoa que estamos criando, mas também da pessoa que a maternidade moldou: a própria mãe. Aquela capaz de reproduzir as frases mais *cringes*: "Se eu for aí e encontrar esse negócio, você vai ver!" ou "Quando eu morrer, você vai sentir a minha falta". Mas quem é capaz de olhar para a própria história consegue ressignificar e alterar padrões familiares que não deseja para o filho.

É assim que acontece. A adolescência chega e cada dia carrega uma novidade, um fato inesperado. É um novo capítulo, no qual uma nova história começa a ser escrita.

E a gente? A gente se torna cada vez mais mãe, com toda a força que essa palavra carrega.

E as brigas? Fazem parte. E como fazem!

# Filho perfeito?

Se não existe mãe perfeita, não existe filho perfeito, certo?

Toda criança tem suas particularidades – traços de personalidade, dificuldades e demais características próprias. Sim, todas têm. Mas, o que realmente as diferencia é a maneira como os pais encaram essas particularidades e o modo como orientam o filho na condução disso tudo.

Costumamos encarar como algo negativo quando observamos que nossos filhos sentem emoções ruins, ou quando eles têm alguma atitude equivocada. Pois é exatamente nesses momentos que eles mais precisam de nós. Nessas horas, é com mãe e pai que eles podem contar de verdade.

Por isso cabe a nós acolher, e ao mesmo tempo não tapar o sol com a peneira, e muito menos passar a mão na cabeça deles.

Cabe a nós ajudá-los a enfrentar aquilo que está provocando a dor. Ali, onde moram os desafios mais difíceis. Cabe a nós estar atentos e conectados para ver não só a luz, mas também a escuridão de nossos filhos.

Ver a luz é fácil, prazeroso, dá orgulho, né? Contudo, observar onde estão os perigos e as dificuldades é o que de melhor podemos fazer por eles.

Ficar atentos, conversar uma, duas, três, cem vezes. É o nosso papel. Não fugir de trabalhar as características e questões que sabemos não serem legais para eles. Isso vale ouro e é crucial para a formação do caráter. Dos adultos que eles serão. Isso é imprescindível para a saúde emocional dos adolescentes e de todos aqueles que os cercam e os cercarão.

Filhos não são anjos, são seres humanos.

Por isso, se você acha que tem uma criança perfeita em casa, olhe com cuidado. Atenção. Não tape os problemas com a peneira. Não deixe debaixo do tapete o que precisa vir à tona agora, enquanto há tempo.

Faça a diferença, positivamente, na formação de seu filho.

# Medo de quê?

O tiro anda saindo pela culatra. E isso não pode acontecer.

Muitas vezes, ao invés de o excesso de informação disponível atualmente fortalecer e ajudar os pais a cuidar e a educar seus filhos, faz com que eles tenham medo. Eles têm ficado perdidos, amedrontados. No meu entender, isso é perigoso. Um baita problema.

Medo de traumatizar, medo de impor limites. Medo, medo, medo.

Se existe uma coisa que não pode acontecer jamais, de forma alguma, é os pais terem medo de seus filhos.

Não me entenda mal: acho primordial cuidar deles, educá-los com muito amor, e se informar para fazer isso. Mas essa informação toda deve ser devidamente filtrada. Precisamos lembrar o tempo todo que nem toda informação, por mais que faça muito sentido, poderia virar prática dentro da nossa realidade. Mais: toda essa informação sobreposta no olhar de quem cuida de uma criança única pode cegar. Pode nos fazer agir como robôs em situações que precisam de nossa voz interior e de nosso olhar pessoal, singular.

Escrever para mães é uma responsabilidade enorme. É delicado. Cada palavra deve ser pensada e repensada antes de ser registrada. Cada frase deve ser coberta de amor e empatia e jamais ser portadora de imposições, regras engessadas ou de algo que traga à tona sentimentos ruins. Regras e imposições já existem aos montes, tanto na fala das pessoas quanto no Google.

A motivação para escrever para as mães deve ser o desejo de provocar reflexão, sem jamais fazer as coisas se tornarem mais pesadas. Até porque, cá entre nós, se há algo de que não precisamos é de mais peso.

Por isso, se falarem que você deve estar exausta para ser uma boa mãe, fuja. Corra para longe.

Não deixe que nada, absolutamente nada que alguém fale ou escreva tire a sua autonomia.

Sua autonomia como cuidadora é o maior presente que você pode oferecer ao seu filho. É o que o fará se sentir seguro e feliz.

# Caixa de Pandora

O quarto do adolescente é uma caixa de Pandora. Sempre tem uma surpresa, e geralmente não é das boas. Aliás, muitas vezes, são péssimas. Se você abrir a porta do quarto de um adolescente, periga dar de cara com um fundilho de cueca suja, perto dos papéis de bala, do pote com resto de chocolate e de tufos de papel higiênico que ele usou para assoar o nariz.

O banheiro, muitas vezes, parece de rodoviária. As roupas ficam pelo chão, assim como os sapatos e as meias.

Eles não conseguem estender direito a toalha para secar (nem se você fizer um manual mostrando o passo a passo). Ela fica toda embolada – leia-se: com aquele cheiro de umidade. Sabe?

Resumindo, é uma bagunça. Digo "bagunça" para ser educada. Porque, para ser bem sincera, como diria dona Hermínia, é um verdadeiro chiqueiro!

Entendo que é o ambiente deles, que eles precisam de privacidade, que a bagunça interna dos hormônios e da formação da identidade pode se refletir do lado de fora etc. e tal. Contudo, nem tanto ao mar nem tanto à terra, não é? Pelo amor! É nossa responsabilidade orientar e exigir o mínimo de organização. Até porque, se não for assim, com o tempo não sei o que pode sair lá de dentro, gente. E mais: li em algum lugar que organização ajuda até no combate à depressão. Ajuda a vida a ter um rumo. E mais outra: o quarto deles faz parte da nossa casa e para tudo existe limite, não acha?

Só sei que fico totalmente perdida ali, perambulando sem saber o que fazer. Tem dias em que eu sou mãe *cool* ("Deixa, Thaís, adolescência é assim mesmo"). Tem dias em que ignoro, a fim de não me estressar. Em outros, cheguei a pensar: "Vou deixar para ver até onde vai". Dica: não recomendo essa alternativa, porque só vai piorando, acredite. Em outros dias, minha amiga, dou uma de dona Hermínia! Entro abrindo janela, pergunto se por acaso ele ainda não aprendeu o caminho para o cesto de roupa suja, para o lixo, para a pia da cozinha, para a sapateira, ou se ele ainda não aprendeu a difícil arte de arrumar a cama.

Você precisa ver o maravilhoso efeito da estratégia "dona Hermínia". Minutos depois, o quarto está um brinco. Três dias depois, adivinhe só...

Adolescência é ruim, mas é bom. É bom, mas é ruim. O segredo? Não perder o humor, jamais! Afinal, se existe fase na maternidade mais tragicômica, desconheço.

A questão que fica é: será que a gente também vai sentir saudade do quarto bagunçado? Duvido e não duvido ao mesmo tempo, se é que vocês me entendem. Mãe é tudo doida mesmo, viu?

# Nascer de novo para a vida

MARIA CLÁUDIA CALONASSI

Ser mãe de adolescente sempre me causou muito medo. Eu acreditava que todas as atribuições que a maternidade já havia trazido para minha vida seriam as coisas mais difíceis. Na minha cabecinha de angu, a adolescência era uma fase sombria para os pais. Afinal, o filho não é nem criança, sobre quem temos total controle da rotina e domínio de todos os cuidados, nem adulto, quando já o entregamos para o mundo com independência. Onde eu estava com a cabeça, hein? Como se a maternidade se resumisse apenas ao cuidado e à organização do dia deles. Como fui tonta!

A adolescência chegou à minha casa virando tudo do avesso. Minha filha sempre foi uma criança alegre, divertida e descolada. Era daquelas que iam para a escola com o cabelo dividido: um coque de um lado e uma trança do outro. Nem se importava com o que os outros iriam achar. Ela se via pelos nossos olhos, os olhos dos pais, que sempre tivemos o cuidado de demonstrar o quanto a achamos incrível e maravilhosa.

Só que, de repente, vi essa menininha que sonhava ser sereia, surfista e poderosa observar seu corpinho sendo transformado pela adolescência que chegou com tudo.

Com dez anos e meio, ela menstruou pela primeira vez. Cresceu absurdamente rápido até seus doze. Enquanto todas as meninas eram miúdas, ela via o corpo mudar na velocidade da luz e chamava atenção no meio das crianças da turma.

As roupas coloridas deram lugar ao preto (vez ou outra um branco aparecia). Saias e vestidos deram lugar a calças e blusas enormes. Moletom era o uniforme de todos os dias. Chovesse ou fizesse sol, a minha adolescente estava de blusão e eu não entendia o motivo. Comecei a me incomodar com a falta de vaidade dela, com as roupas que usava, sem me dar conta do que acontecia diante dos meus olhos.

Foi então que descobri: ela estava mentindo para mim sobre o uso das redes sociais. Eu me assustei, mas não briguei, não gritei. Eu me abri para ouvir e foi transformador.

Ela me contou que sentia muito medo de não ser aceita pelos outros, que fazia de tudo para ser a amiga que os amigos gostariam de ter. Contou que tentava ser do jeito que imaginava que os outros esperavam que ela fosse. Por isso, tinha perfis diferentes nas redes sociais.

Tudo fez sentido para mim. Seu moletom era sua proteção. Era sua capa da invisibilidade, que a deixava confortável nessa jornada de criança para a mocidade.

Mentir sempre é errado, mas entendi que foi um sintoma da necessidade que ela tinha de achar seu lugar e resgatar sua autoestima. Fazer as pazes com a própria imagem. Corrigir somente o deslize seria tratar apenas o sintoma. Foi preciso entender que a causa de tudo era a desconexão consigo mesma: aquele era o verdadeiro problema a ser enfrentado. Era ali que eu precisava intervir.

Recordei-me de quando o bebê nasce. Ele se reconhece como sujeito pelos olhos de quem cuida dele. Logo, na adolescência, esse segundo nascimento para a vida, de novo o olhar dos outros nos ajuda a compreender quem somos. Só que o olhar que o adolescente quer é o dos amigos. Por isso, devemos ficar atentos.

Falei muito sobre amor-próprio com ela. Disse que quem não for capaz de amá-la como ela merece não é digno de nenhum minuto de seu tempo. Ela compreendeu que, para nós, sua família, ela era perfeita. E muito amada do jeito que ela é!

Dali para a frente, percebi nela uma coragem para ser de seu próprio jeito. Desde a escolha da roupa até a postura diante das coisas.

Reconectamos o nosso laço de confiança e abertura para falar sobre qualquer coisa.

Hoje, minha menina faz quinze anos, e só agora compreendo o motivo daquela necessidade que ela tinha de se esconder debaixo de tantas roupas. Só agora, nesse novo florescer da minha menina, assistindo à sua redescoberta da própria imagem e ao seu encontro com esse novo momento, entendi o que ela viveu durante sua transição de criança para adolescente.

Hoje, posso dizer, sem medo algum, que a adolescência não me assusta mais. Ao contrário, me fascina. Adolescer é nascer de novo para a vida. Isso é lindo e delicado ao mesmo tempo. Por isso é tão necessário o nosso olhar atento, o nosso olhar de pais.

# Menino, sai desse celular

A combinação adolescente & celular me dá nos nervos. Aquele nervoso que faz a gente apertar os dentes, sabe? Tá achando que estou doida? Pois tenho certeza de que mães de adolescentes me entenderão.

Na hora em que um adolescente está com o celular, só o seu corpo fica presente (vira um bobo, que tropeça, bate em tudo e derruba coisas). Todo o resto é abduzido para dentro do celular. São conversas intermináveis do outro lado da porta, que segue fechada.

Enquanto está no celular, não presta atenção em nada.

"Eu tenho médico hoje?"

"Sim, te falei umas três vezes."

"Não lembro."

"Claro, você tá sempre com a atenção no celular."

Ele está sempre atrasado. Por que será?

"Vamos, pelo amor de Deus! Tô na porta."

Fiquei em choque quando o peguei amarrando o tênis enquanto assistia a um vídeo. Uma amiga contou que a filha estava com o aspirador ligado no quarto. Ela achando que a filha estava fazendo limpeza. Quando abriu a porta, a garota estava no celular.

Adolescente vai ao banheiro com o celular, caminha com o celular, pega algo para comer (e quase sempre derruba) com o celular. Vem dar bom-dia com o celular, quer almoçar com o celular (mas aqui é proibido).

"Larga isso, garoto!"

"Ai, mãe, me deixa, tô de férias."

Eu tenho liberado mais, só que tudo na vida tem limite, né, minha gente?

"Por hoje chega, desliga e vem ficar aqui com a gente." Peguei o celular, que ficou do meu lado. No meio do filme, cochilei. Quando despertei, cadê o celular? Estava nas mãos dele.

Minha amiga, Dona Hermínia, acordou por aqui. Minha vontade era jogar o celular pela janela, mas (*ommm*, respira) me contive. Ele estava de costas para mim. Arranquei o celular da mão dele, disse, com os dentes apertados, que achava um absurdo ele não respeitar algo que é uma regra!

"Ai, mãe, pega leve, que estresse."

"Estresso porque me preocupo. Desse jeito, este celular só vai te fazer mal, é como estar em uma festa o dia todo."

"Mas festa é bom."

"Sim, mas vá ficar em uma festa todos os dias, o dia inteiro... Ninguém sobrevive."

O maior desafio é ensinar sobre equilíbrio a um adolescente. É a fase em que eles não têm freio. A fase das fortes emoções e da intensidade. E tudo isso com o celular na mão.

Deus nos ajude!

# Autoestima

Uma coisa, na parentalidade, é certa: pai e mãe são o alicerce da autoestima do filho. Pai e mãe estruturam o amor-próprio do filho, pedrinha por pedrinha.

"Nossa, que responsabilidade! Será que é isso mesmo?"

Sim, é. Somos a base que está sob a forma como os nossos filhos se enxergam hoje e se enxergarão amanhã. Concordo que é uma baita responsabilidade, mas prefiro encarar isso como um presente. Prefiro encarar como um poder. Como um tesouro. O caminho mais seguro para se formar um ser humano feliz. A fórmula exata para criar alguém que saiba se olhar de forma positiva.

Por que falar desse assunto? Infelizmente, existe uma confusão sobre algo muito importante.

Perda de paciência *versus* violência oral. Existe uma linha tênue que muita gente não enxerga separando esses dois atos. Usam do "é normal perder a paciência de vez em quando" como forma de permissão para rotular os filhos com adjetivos negativos.

Não. Por favor, não.

Claro que somos humanas e vamos perder a paciência vez ou outra.

Claro que em algum momento pode ser que a gente aumente o tom de voz. Quando a birra persistir, quando a criança insistir em algo que já foi explicado milhões de vezes, de frente para trás, de trás para a frente. Isso é humano.

Só que, ao perder a paciência, falar em um tom mais elevado e estabelecer limites, certamente não iremos machucar a autoestima de nossos filhos. Eles podem até se assustar com o tom de voz, mas nada se compara à violência oral. Palavras podem ferir profundamente.

"Chega, menino chato"; "Para, sua menina mimada"; "Você é impossível de lidar". Não podemos esquecer que eles acreditam piamente no que falamos. Então, fazendo isso, estaremos usando areia em vez de cimento na fundação da autoestima das nossas crianças.

Encare o amor-próprio do seu menino, a autoestima da sua menina, como um brotinho em um vaso de flor que você ganhou e não vê a hora de descobrir como ela será.

Regue, regue. Faça afirmações positivas. Busque entender seus medos, suas dificuldades, suas manias.

Não faz sentido dizer que o maior sonho é que o filho seja feliz e regar sua infância e adolescência com adjetivos negativos em lugar de usar palavras de motivação e compreensão. Não acham?

# Popular

Talvez este texto não seja para quem cuida de um adolescente, mas sim para os próprios. Por isso, eu a convido a ler, claro, mas também a colocar o livro, neste momento, na mão de seu filho. Diga que a leitura é rápida e que não vai gastar mais do que cinco minutos do dia dele.

"Mãe, fulano é popular."

"Mãe, beltrana agora é popular na escola."

"Ah, é mesmo filho? Mas por quê?"

"Ele tem catorze anos, mas é meio adiantado, já bebe e fuma."

"Ele é chamado para todos os encontros."

"Ela beija muitos meninos e vive brigando com as meninas."

Eu acho muito maluco esse lance de ser popular. Já reparou que geralmente os "populares" não têm boas atitudes?

Isso é muito triste. Triste, porque quem tem autoestima baixa acaba querendo fazer, para ser aceito, o que os "populares" fazem.

Pode reparar: na maioria das vezes, o popular tenta rebaixar os outros. A gente vê isso nos filmes e percebe que, neste caso, a vida real realmente imita a arte.

Popular, mesmo, é o jovem que tem confiança em si mesmo, que trata todo mundo com respeito. Popular é quem segura a porta do elevador quando um colega vem correndo, é quem não faz coisas sem sentido para a idade que tem.

Popular, mesmo, é quem trata bem professor, quem acolhe colegas que acabaram de entrar na escola, quem trata com carinho os funcionários da cantina e do banheiro da escola. Popular é quem não exclui ninguém.

Popular é quem ama a própria vida e, por isso, escolhe não fumar o tal do cigarro eletrônico, pois leu que é algo terrível para a saúde. Popular, mesmo, é o esportista que parabeniza o adversário quando perde. É quem é educado com os pais dos amigos, é quem assume uma posição e se afasta de quem está fazendo bullying com algum colega. Popular é quem trata com carinho e respeito o(a) namorado(a).

Queria dizer a você, adolescente, que, vendo hoje as pessoas que estudaram comigo durante a minha adolescência, 100% dos chamados *populares* não são adultos realizados e felizes.

Por isso, se você se vê em alguma das características que eu descrevi, acredite, você está no caminho certo. Não vale trocar uma vida adulta feliz para escutar que você é popular na escola. A adolescência dura apenas uns 10 anos e a vida adulta uns 40, 50 anos. Concorda que chega a ser burrice mudar a sua essência para ser "popular"?

# Mãe, sempre há tempo

Para redefinir a rota, mudar conceitos, encontrar forças, deixar para trás padrões familiares que não correspondem aos seus anseios e rever as prioridades...

Sempre há tempo para se esforçar, repensar a educação, o empenho, a convivência e a si mesma.

Sempre há tempo para beijar, abraçar e trocar palavras duras por palavras de carinho e incentivo. Tanto de você para si mesma, como de você para o seu filho.

Mãe, sempre há tempo.

Para jogá-lo no sofá e enchê-lo de beijos, para pegar um jogo no armário e interagir com ele.

Sempre há tempo para passar uma tarde inteirinha na praia ou no parque e criar memórias afetivas.

Mãe, sempre há tempo, nunca é tarde para fazer ajustes na educação, estabelecer novas regras e limites e organizar a agenda para ganhar, justamente, mais tempo.

Sempre há tempo para contar lindas histórias, dormir agarradinha de vez em quando, sentindo o cheirinho do cangote do seu filho, mesmo que isso renda aquela dor na lombar no dia seguinte.

Sempre há tempo para dizer como ele é amado e importante para você, e para falar sobre o orgulho que sente em tê-lo como filho.

Mãe, sempre há tempo para deixar as preocupações para lá, sentar ao lado de seu filho e se interessar pelo que é "uau" para ele neste momento.

Mãe, nada, absolutamente nada está perdido. Não importa a idade de seu filho. Tudo é possível, tudo pode mudar. Sempre dá tempo de consertar, remendar. Costurar seu coração bem juntinho ao dele.

Mesmo se você, assim como eu, às vezes pensa que está fazendo tudo errado, saiba que sempre há tempo para se conectar profundamente com seu filho. Por isso, levante a cabeça, enxugue as lágrimas, endireite os ombros. Eu sei que é desafiador, só que, se você não tentar, nunca saberá se poderia ter escrito a história de outra maneira. Pode ser que um dia seja incrível, e outro, nem tanto. E está tudo bem, não existe perfeição.

O que importa é insistir, mudar, tentar, quantas vezes forem necessárias. Importa é que tem vida e amor pulsando.

Vá, menina, não perca tempo!

# WhatsApp

Conversar com o adolescente por meio do WhatsApp é certamente mais difícil do que decifrar código Morse. Acredite.

"Theu, você vai voltar para almoçar hoje?"

"ss."

"Oi?"

"ss, mãe."

"Desculpe, filho, não entendi."

"SIM, mãe. ss é sim."

"Nossa, tá bom, não precisa 'gritar'. Mas por que raios você não escreve sim, então? Só tem uma letra a mais para escrever a palavra direito."

"Ah, mãe, qual o problema?"

"Tá bom, não está mais aqui quem falou."

"Flw!"

"Oi?"

"Flw é tchau, mãe."

"Tchau."

Juro que houve uma época em que tentei decorar as siglas para me comunicar com ele por mensagem.

*Vlw*: valeu

*Ss*: sim

*Nn*: não

*K7*: cacete

*Tlgd*: tá ligado

*Tmj*: tamo junto

*Prc*: parça (parceiro)
*C*: você
*Q*: que
*Mt*: muito
*Mlk*: moleque
*Pdp*: pode pá (beleza)
*Nss*: nossa
*Btff*: boto fé
*Fds*: não é fim de semana não, para eles é "foda-se"
*Pprt*: papo reto

Ah, chega disso, vou escrever do meu jeito. Esses jovens, viu? Estão assassinando a língua portuguesa! *M*.

# Egoísmo juvenil

Eu sei que preciso ter empatia pelo meu adolescente. Sei, também, que tenho de lembrar o tempo todo de como eu era na minha adolescência, de como me sentia, de que gostava ou não.

Tudo isso me ajuda demais na forma como educo e crio meu adolescente, mas não ameniza a sensação de que meu filho foi abduzido por uma nave espacial (só pode!), e de que o substituíram por um ser um tanto quanto egoísta. Aquele menino sorridente que queria estar comigo o tempo todo, sempre proativo... Cadê? Sumiu. Escafedeu-se.

Eu não posso mentir para você. A adolescência é realmente um período no qual reina o egoísmo. Uma fase em que, para além do próprio umbigo, eles só conseguem enxergar (e muito bem) os amigos. E a família? Grande parte do tempo fica... invisível.

"Mãe, dá licença."

"Mãe, fecha a porta."

"Carregar isso? Mas não tem nada meu aí."

Depois de carregar meu filho nove meses no útero e mais alguns bons anos fora dele, é sério que esse garoto tem a coragem de me dizer um troço desses? É rir para não chorar – ou seria para não esganar?

"Viajar de novo em família? Mas já fomos faz pouco tempo..."

E viajar de novo com os amigos? Ah, isso pode, né?

O fato é que dói. Eu sei. Eu sei da empatia, sei que a gente deve criar para o mundo, sei de tudo isso. Mas há dias em que o "egoísmo juvenil", aquele que torna as mães praticamente invisíveis, machuca.

Eu entendo que é uma fase (bem) autocentrada, por isso tem horas em que relevo, faço vista grossa. É também por esse motivo que sinto ser minha responsabilidade falar com ele e orientá-lo para que reflita sobre suas ações. Minha responsabilidade é conseguir fazê-lo se descolar do próprio lugar para entender as situações com um pouco de alteridade. Colocar-se no meu lugar, no do pai, no do irmão, no dos avós, no da bisavó e no dos tios e tias.

Por isso, aqui existem limites claros, atitudes que não são permitidas. Até porque, se não for assim, estarei negligenciando o meu papel não só perante o meu filho, mas também em relação ao mundo em que a gente vive, esse mundo tão autocentrado, que implora por gente mais generosa.

Se me ponho no lugar dele, ele deve fazer o mesmo por mim. Porque empatia e cuidado com o outro se aprendem desde cedo. São atitudes que precisamos desesperadamente continuar a ensinar durante a adolescência.

# O olhar da mãe

Na sala de parto, enquanto o recém-nascido mama, ele procura instintivamente, com olhinhos espertos, o olhar da mãe. O bebê bate palminhas e faz graça concentrado nos olhos da mãe. A menina rodopia sorridente com sua saia de tule e meias com listras coloridas, procurando com os olhos grandes e atentos o olhar da mãe. O garoto nada a piscina todinha com seus óculos amarelos, e na hora que chega do outro lado, procura, através do vidro, o olhar da mãe.

Na hora em que termina a aula, a garotinha fica ligada na porta da sala e só sossega quando seus olhos cruzam com os da mãe. Na hora de dormir, o garoto pede para a mãe deitar-se com ele porque diz ser muito bom poder olhar para ela antes de adormecer. O adolescente passa por questões complicadas na escola e, quando volta para casa, só se acalma com o olhar da mãe, que ouve o seu desabafo.

A adolescente dá o seu primeiro beijo na festa. Quando chega em casa, só sossega quando tem os olhos da mãe voltados para o que ela tem para contar.

Ele quer, ela precisa. Eles suplicam. O tempo todo, em cada pequeno detalhe. É só parar para reparar nos olhinhos ligeiros procurando nossa aprovação, nosso apoio, nossa opinião e motivação em cada passo.

Por isso, olhe, olhe, olhe, olhe. Quando achar que já olhou o suficiente, olhe mais um pouco. Faça bom uso e use sem medida o que eles realmente querem e precisam. O nosso olhar.

# A ponte que une pais e filhos

BETO BIGATTI

Talvez sejamos nós, os pais, o elemento mais complicado na adolescência de nossos filhos. Calma lá, eu explico: estamos tão imersos na loucura de ser adultos, pagar boletos e criar os filhos que, por vezes, deixamos escapar a parte mais divertida disso tudo.

Nesse apagão da memória, agimos de forma agressiva porque estamos cansados demais, porque nosso adolescente discorda de nós o tempo inteiro (ai, que saco!), ou, arrisco dizer, porque deixamos de perceber o que nosso "ex-bebê" está realmente precisando.

Lidar com o afastamento natural (e necessário) dos nossos filhos é, sim, desafiador. Por aqui, muitas vezes, acabou em discussão e palavras duras. Até o dia em que retomei aquilo que mais defendo e que estava largado em algum canto da alma: a prioridade do afeto. Fiz o seguinte exercício: olhei para trás e me vi adolescente. Quis sentir na pele, mais uma vez, o que me afligia. Quem diria! Das coisas que mais me marcaram, a falta de afeto e cuidado estava no topo.

Hoje eu entendo. Nós, adultos, desenvolvemos um tom professoral, e desse pedestal pouco escutamos os nossos filhos. Afinal, "quem precisa aprender são eles", é o que repetimos. Seguimos "educando" porque é o nosso dever, não é assim? Só que essa postura faz de qualquer relação pai e filho um pesadelo. Ainda mais na adolescência.

Disposto a encerrar esse ciclo, resgatei o que lembrava da comunicação não violenta e do seu primeiro ensinamento: escutar sem avaliar, julgar ou criticar.*

Isso não significa que você deixará de guiar o seu filho, mas nos oferece uma arma muito rica e poderosa, a de entender, verdadeiramente, de que seu filho precisa naquele momento. Não o que você acha que será bom para ele. Essa escuta ativa e honesta é um divisor de águas, acredite.

Confunde-se o afastamento do adolescente com agressividade, isolamento ou birra. Eu refuto essas avaliações, sinalizando que eles precisam do que é a grande ponte entre pais e filhos: afeto. Dê espaço ao seu filho. Entregue autonomia. Siga sendo carinhoso e dizendo o quanto você o ama.

Faça observações a partir do seu sentimento. "Eu sinto muito a sua falta quando você fica horas trancado no quarto" é profundamente diferente de "Que coisa ridícula você trancado aí o dia todo! Está fazendo o quê, de tão importante?"

Tente entender, sem julgar: "Quando o vejo assim, fico imaginando que está triste e fico preocupado. Gostaria de me falar se aconteceu alguma coisa?" é melhor do que "Pare agora de revirar esses olhos senão vai ficar sem computador!".

Nem sempre será fácil adotar o esquema afeto + comunicação não violenta. E está tudo bem. Não podemos, no entanto, deixar de tentar, de insistir, de seguir.

Tratar os filhos de forma respeitosa e afetuosa é um investimento incrível para a vida deles! Para os adultos que eles serão. Por isso, corra. Quanto antes, melhor.

---

\* Para saber mais a respeito, ver o livro de Marshall Rosenberg, *Comunicação não violenta*. São Paulo: Ágora, 2021.

# Um rolê com o meu adolê

"Mãe, estou precisando de umas roupas." Verdade. "Pesquisei e tem uma loja bem legal a doze minutos daqui, com umas marcas da hora."

"As roupas são caras?"

"Não, tem preço bom."

"Beleza. À tarde eu consigo ir, pode ser?"

"Fechado."

Entramos no carro, endereço no GPS.

"Nossa, pertinho mesmo."

Sensação boa para quem mora em uma grande cidade. Maravilha. Eu e ele. Momento ótimo, conversa solta, brisa boa. Praticamente uma mãe *cool*. Lembram?

"Que achado hein, filho? Tão perto."

Então, a aventura começa. As ruas vão ficando cada vez mais estreitas e esburacadas.

"Não é possível que seja aqui."

"É sim, mãe."

"Melhor a gente voltar."

"Tá com medinho?"

"Eu, medo? Claro que não."

Sigo firme e *cool*.

"Gente, quanto buraco. Não é possível uma loja multimarcas ser por aqui."

Os doze minutos parecem cinquenta de tantas vielas em que entramos, com gente passando bem pertinho do carro.

"É aqui, mãe."

Olho para um lado. Olho para o outro. Nada. Rua vazia. Tinha casas com cara de abandonadas. Uma delas, com uma placa: dentista.

"Deve ter algo errado. Vamos embora."

Ele chilica. O clima bom, de brisa, vai pelos ares.

"Mãe, vamos descer e perguntar."

"E você quer que eu estacione o carro onde? A rua é estreita e perigosa. Ninguém vai descer do carro."

"Como você é medrosa... blá, blá, blá."

Então, tive a ideia genial: ligar para a loja.

"Consultório odontológico, boa tarde."

"Olá, estou aqui com o meu filho procurando uma loja multimarcas que tem o seu endereço e telefone."

"A lojinha é aqui embaixo, mas estão em reforma."

"Ah, tá, obrigada."

"Theu, essa loja não pode ser multimarcas, certo? Embaixo de um consultório?"

"Claro que é, mãe, olha o perfil da loja. É a... Store, tem até 'N'... (leia-se marca famosa de tênis). Até o MC... já veio aqui."

Alguém conta pra ele ou eu conto?

"Theu, provavelmente é uma loja de produtos falsificados ou contrabandeados."

"Não pode ser."

"É."

Caímos na gargalhada. Sabe daquelas de escorrer lágrima e doer a barriga?

Moral da história: pesquise antes de sair para algum lugar que o seu adolescente indicar; ou quando a esmola for demais, desconfie. Bem... às vezes, também é bom deixar a maturidade de lado e se aventurar com o seu "adolê".

# Sem tabu

Já reparou que encontramos aos montes conteúdo e informação sobre a fase dos filhos quando são bebês e crianças, mas pouquíssimo conteúdo sobre a fase da adolescência, principalmente quando se trata do tema *sexo*?

Eu não entendo o motivo dessa escassez, já que esse tema é desafiador e cheio de questionamentos para eles. Estamos carecas de saber que nessa fase a sexualidade borbulha, extravasa, extrapola.

E qual é o nosso papel nessa reviravolta?

É exatamente sobre isso que temos de falar, escrever e trocar. Muito. Bastante. O tempo todo.

Como pode ser tabu falar desse assunto com nossos filhos, ainda mais hoje, em que o mundo virtual é tão forte e presente na vida deles e em geral trata sexo de maneira tão superficial?

Pense bem, sexualidade é algo tão humano, tão natural. É fundamental que desabroche da mesma forma, sem que gere um monte de caraminholas na cabeça deles.

Outro dia, uma amiga me questionou: "Como você consegue tratar desse assunto tão abertamente com o seu filho?".

Sinceramente, eu não sei a resposta. Talvez, o primeiro passo tenha sido o fato de minha mãe, à sua maneira, também ter sido aberta comigo em relação a essa questão. Soma-se a isso a minha personalidade (falo pelos cotovelos).

Acredito, no entanto, que a razão principal é esta: se eu não falar sobre isso, ele vai entender o sexo do modo que o mundo o apresentar a ele. E essa forma pode ser completamente distorcida e negativa, o que vai impactar totalmente a relação que ele estabelecer com o assunto.

Sabe a história da primeira infância? Aquela, na qual a forma como cuidamos e lidamos com eles os impacta pelo resto da vida? Então, faço a mesma leitura quando o tema sexo entra em pauta.

"Mas você fala de que com ele?"

Digo que masturbação é natural, importante para ele se conhecer, mas que não dá para passar o dia todo no banheiro, né? Digo que sexo é lindo e maravilhoso quando se tem a maturidade necessária para fazer, e intimidade com a pessoa. Nossa, falo de tantas coisas com ele. Já falei da minha primeira vez, de como funciona esse momento para a mulher. Já falei que é incrível sentir prazer, mas que é essencial, para o sexo ser completo, dar prazer para o outro (e como é bom, não é?). Digo que sexo é como o relacionamento afetivo, se não tem troca, não tem como ser bom. Sempre falo do que não é legal no tratamento com o outro. Que ele deve sempre falar como se sente, não deve fazer nada que não tenha vontade. E que ele deve respeitar o sentimento da outra pessoa, assim como seus limites.

"Mas ele não pede para você parar? Não fica envergonhado?"

Algumas vezes, e eu respeito. Na maior parte das conversas, no entanto, o papo segue.

Para falar de sexo, não precisamos falar do ato sexual em si, percebe? O ato (o que acontece ali) é uma coisa íntima dos envolvidos.

Por isso, querida leitora e querido leitor, não se intimide, tenha um canal de comunicação aberto com seu filho ou sua filha sobre o tema. Mesmo que possa parecer constrangedor (porque no começo certamente será embaraçoso para eles, e talvez também para você), vá em frente, pois você poderá estabelecer um importantíssimo contraponto ao que o mundo (virtual e real) "ensina" sobre sexo.

Falar da importância de conhecer o próprio corpo, de masturbação, de orgasmo, prazer, de quão íntimo e bonito, e não supérfluo e vazio, é o sexo; do que é necessário para que seja uma experiência boa. Isso não é apenas importante. É nossa obrigação de pais. Deixar de orientá-los nesse tema é negligenciar nosso papel.

Por isso, por mais que a porta fique mais fechada, cabe a você, mãe ou pai, estar sempre do outro lado quando ele ou ela solicitar, ou mesmo bater à porta quando você achar necessário conversar.

# Mãe, nasci no corpo errado

DÉBORA SAMPAIO E KARINA MACHADO

O dia da descoberta do sexo do bebê é um dos mais esperados pela mãe. Dias e mais dias lendo sobre significados de nomes.

Temos milhares de vídeos circulando com cenas de euforia ou de decepção no momento dessa "descoberta".

Jamais passa pela cabeça de um pai ou de uma mãe a possibilidade de, anos depois, escutar as seguintes frases: "Mãe, quero mudar de corpo", ou "Não me vejo nesse sexo", ou "Nasci no corpo errado", ou "Quero mudar de nome", ou "Explica para eles que eu não sou uma menina".

Um assunto que tem invadido nossos consultórios e nos preocupado é o tema da transexualidade. Ora banalizado, ora glamourizado. E é uma questão séria, que não pode ser simplificada.

A liberdade com que esta geração tem se afirmado, como bissexuais, assexuais, transgêneros, não binários, entre outras possíveis nomeações, vem deixando muitos pais assustados e perdidos.

Escolhas ou gostos muitas vezes não definem a identidade de gênero. Um menino que gosta de brincar de boneca, ou se fantasiar de fada, não necessariamente é transgênero. Não se trata de gostar ou não de uma brincadeira. Brincadeira não tem sexo. O que deve chamar a atenção é a insistência. Ela dizer, de modo persistente, não ser uma menina, ou ele dizer não ser um menino e, principalmente, seus sentimentos sobre isso. Quase todos os adultos trans afirmam sentir esse desconforto desde criança, mas nem toda criança que brinca de ser de outro gênero será trans.

Percebe como temos de ter cuidado?

Falar de transexualidade pode ser falar de incongruência de gênero. Essa palavra, nesse contexto, significa "dificuldade em suportar", incômodo, insatisfação, desconforto com o próprio corpo, com o seu sexo.

Só que mudar de corpo envolve tratamentos médicos sérios. Em sua maioria, irreversíveis. Por isso, o recado é: cuidado com a precipitação nessa direção!

Infelizmente, temos uma parte considerável da mídia que legitima tudo sem questionamentos maiores, acelerando e banalizando o processo. Temos muitas matérias explorando a transexualidade no aspecto da transição e pouquíssimas abordando a destransição (que é quando a pessoa se arrepende de ter mudado de sexo e quer voltar a ser o que era).

O que observamos é que, geralmente, a pressa em resolver o dilema impulsiona a atitudes desesperadas que não olham para o que há por trás, para a raiz da questão. Só que não se resolve nem se define nada sem lidar e entender o que acontece na raiz.

Ter um filho com questões de gênero faz com que os pais tenham sentimentos ambivalentes. O medo é intenso, e não há como ser diferente quando se vive no país que mais mata transexuais no mundo. Por isso, os pais também devem ser ouvidos e cuidados.

A adolescência é sinônimo de instabilidade emocional, impulsividade, dúvidas, experiências transitórias e exploratórias. Se já é uma fase repleta de conflitos e adaptações nesse "novo" corpo que se desenvolve com a puberdade, imagine se houver questões envolvendo a própria sexualidade? Por isso, precisamos ouvi-los!

Em meio a um turbilhão de dúvidas e questionamentos sobre quem se é, o que se sente e o que será, as emoções são vividas de forma extrema. Por isso, o encontro com uma mídia que incita e simplifica pode confundir muito.

Não há mais espaço para a repressão, claro, e é maravilhoso que seja assim. Que grande avanço! Precisamos, no entanto, de cuidado com os excessos. Quando ainda não se tem discernimento nem senso crítico formado, ler sobre temas tratados de forma simplificada e banalizada pode atrapalhar o processo de maturação da identidade do adolescente.

Não dá para banalizar o sofrimento que há por trás desse conflito, como também não podemos aceitar uma simplificação leviana. É importante cuidar de forma adequada para que nossos filhos possam ter um desenvolvimento que os possibilite tranquilidade e clareza para definir a sua identidade antes de tomarem qualquer atitude.

Diálogo, acolhimento, gentileza e amor, somados à nossa responsabilidade e à ajuda profissional, são sempre o melhor caminho!

# A relação com os avós

Na adolescência, quando eu falava que preferia ficar em casa em vez de ir ver meus avós, lembro claramente de meus pais dizendo que eu não tinha escolha. Era o meu papel, como neta, estar por perto.

Na época, eu achava um saco ter que perder algumas festas, cinemas e encontros na rua, com a minha turma do condomínio, para estar com meus avós. Só que cada ida carregava a minha memória com algo especial, cada encontro me conectava mais e mais com minhas raízes. Cada momento foi construção para a relação bonita e sempre temperada com afeto que eu tive com meus avós. Foi uma contribuição para a mulher que sou hoje.

É, quem está no meio do caminho tem a responsabilidade de unir quem está começando àqueles que estão avançando em direção ao fim da jornada.

A importância de estimular o vínculo dos nossos filhos com os mais velhos vai muito, muito além de uma regra familiar a ser cumprida. Tem relação com respeito, cuidado, doação, compaixão, comprometimento, resiliência, paciência. Tem a ver com escutar histórias que jamais escutariam das nossas bocas. Passa por aprendizado, sabores, passado, costumes. É oportunidade para se ter alguma ideia de como é o caminho lá na frente e conhecer de pertinho a finitude. É chance de dar de cara, de uma só vez, com a fragilidade e com a força da vida. É ter a memória quentinha e recheada de exemplo e amor.

Essa relação tão bonita entre netos e avós é a prova de que vínculo é algo que ultrapassa gerações. Que existem coisas que nunca ficam velhas, que jamais poderão ser consideradas ultrapassadas. Passe o tempo que passar.

# Flor da idade?

A adolescência é uma fase dura. Não para quem é mãe ou pai, mas para quem a vive.

Aos olhos da puberdade, os problemas são sempre *bem* maiores do que parecem a nós, pais (assim como as espinhas). Na novela mexicana juvenil (Ó céus! Ó vida!), qualquer adversidade parece insolúvel.

Tudo deve ser sempre preto no branco. "É ou não é?" Eles não conseguem enxergar a paleta infinita de possibilidades existente no "entre".

Tudo o que não é para benefício próprio parece torturante, difícil. O medo do ridículo assombra. O julgamento apavora. Não existe flexibilidade. É uma fase extremista para tudo. Muito, muito feliz ou muito, muito triste. Eles têm dificuldade em entender que existe o caminho do meio, e que muitas vezes não há respostas. E principalmente para notar que, mesmo não havendo resposta, está tudo bem.

Imagina como deve ser duro? Eu entendo, de verdade. Já tive essa idade. Sei que demora um tempo para a leveza começar a preencher o espaço de tudo o que é rígido. Demora um tempo para o simples fazer sentido, para o ridículo se tornar risada sem constrangimento e para os problemas terem um tamanho bem menor do que a imensidão das soluções. Demora muito para percebermos que erros são positivos em função do oceano de coisas que aprendemos com eles.

Não há alternativa: é preciso atravessar essa fase, seguir o caminho. E cabe a nós plantar neles as sementes de uma visão mais tranquila da existência. Dar a eles doses homeopáticas de leveza. Apresentar a brevidade da vida e a grandiosidade de fazer pelo outro.

Dizem por aí que adolescentes se encontram na flor da idade. A mim, parece que quanto mais velhos ficamos, mais flores brotam pelo caminho. Vocês se sentem assim também?

# O mundo deles

ANA YUAN

Um dia eu sabia tudo sobre a minha filha. Agora, sei bem pouco. Isso assusta. No medo do desconhecido que chega com a adolescência dos filhos, somado à porta que passa um bom tempo fechada, nós, os pais, também nos fechamos. De alguma forma, travamos.

Nesse momento, perdemos a oportunidade de conhecer essa nova pessoa que surge diante de nossos olhos.

Sei que não é tarefa fácil ser mãe e pai de um adolescente. É um desafio. Mas cair no piloto automático e só criticar e reclamar do que interessa para eles é um tiro no pé.

Não queremos saber das músicas, da dança, das redes sociais, das séries de que gostam, e ainda queremos ter conexão. Como assim? Veja bem, não precisamos gostar, mas temos de nos interessar pelo mundo deles.

Olhe de verdade, de coração aberto, para o seu filho; mergulhe no universo dele. Participe, se envolva, conheça seus gostos, sem precisar ficar dando lição de moral a todo momento. Calma! Respire!

Ano passado, minha filha nos propôs, a mim e ao pai, maratonar filmes da Marvel. Foram 23 filmes e três séries. Ufa! Que aventura! Mas valeu a pena.

Claro que alguns eu não curti, com outros me surpreendi e adorei. Mas o que valeu foi ter me possibilitado ter hoje um repertório maior para conversar com ela, somando-se às playlists e até às roupas que trocamos.

Tudo é uma construção.

Apesar de não parecer, eles desejam ser aceitos, amados. Desejam se sentir importantes para nós, os pais.

Serem amados "apesar de", e não serem amados "se". Sem condições.

Não dá para perder as raras oportunidades em que eles querem compartilhar algo com a gente. Saiba aproveitar e se deliciar com esses momentos. Que sejamos inteligentes e usemos isso a nosso favor, para podermos nos aproximar e passar a eles o que achamos importante.

Faz bem, em alguns momentos, deixar de lado os comandos de educação para conhecer o mundo deles. Tem feito toda a diferença por aqui. Espero que faça por aí também.

# Nosso dever

"Você estipula regras para o seu adolescente?" Sim, com certeza.

"Ah, coitado."

Coitado seria se eu não estipulasse. Desconfio que, se meu adolescente não tivesse alguns horários a serem respeitados, seria um zumbi. Um zumbi viciado em celular. Um zumbi exausto. Um zumbi mal-humorado. Um zumbi nada sociável. Um zumbi estressado e ansioso apenas por gastar horas e horas do dia no *video game*.

E olha, não é difícil entendê-lo. Afinal, eu já fui adolescente. Se há uma virtude que adolês não têm, é temperança, aquela qualidade de quem é moderado, comedido.

Como não virar a noite com a *live* dos caras do Fortnite? Como não passar a madrugada conversando no WhatsApp com a garota por quem você está apaixonado? Se não tivermos regras, é exatamente isso que vai acontecer.

Tenho certeza absoluta de que, se meu adolescente não tivesse limite de tempo para algumas atividades, a gente mal se falaria.

"Nossa, mas então você não construiu uma relação de afeto com o seu filho."

Olha, se eu, daqui do futuro, posso dar um conselho, ele é: não romantize! Adolescentes têm necessidade de se descolar dos pais. Também sabemos disso, não? É natural. É a lei da vida. Esse movimento é necessário para a autonomia deles.

Só que, nessa onda da adolescência, nós, como responsáveis, devemos trazê-los para perto. E será que devemos dar a eles espaço para participar da combinação de horários e regras? Claro. Devemos ser flexíveis? Com certeza. Repensar, rever? É primordial. Temos, no entanto, de ser a direção. Não podemos fugir da responsabilidade de plantar temperança e mais tantas outras virtudes na vida deles. Não podemos achar normal um adolescente ir dormir às 5 horas da manhã para, pouco depois, ter de estudar a manhã toda. Mesmo que eles reclamem, mesmo que nos comuniquem que somos um saco (grande novidade).

Temos que ter refeição juntos. Temos que ter atividades juntos. Não existe isso de só fazer o que quer. Tem que ter o tempo deles sozinhos? Óbvio, e como tem. Mas tem que ter tempo em família.

Eu, aqui do futuro, venho contar que trocas maravilhosas acontecem graças a esses combinados. Sempre digo aqui em casa: "Se organizar direito, todo mundo brinca. Se organizar direito, tem tempo para tudo".

# Como você se enxerga?

Sempre que olho para trás e lembro de quando meus filhos eram pequenos, de alguma maneira me cobro. "Poderia ter feito melhor." Melhor? Sério?

Fico impressionada com a capacidade sabotadora que a gente tem de sempre achar que poderíamos ter feito mais. De nunca achar que o oferecido foi suficiente.

Veja: acho importante e muito saudável a gente se informar, rever, mudar a rota quando achar necessário. Claro. No entanto, tenho para mim que, independentemente de qualquer coisa, somos infinitamente melhores do que a forma como em geral enxergamos a nós mesmos. Melhor que as histórias negativas que insistimos martelar em nossas cabeças.

A cobrança, de certa forma, apaga da mente as coisas incríveis que fazemos. É como se não enxergássemos nossos pontos positivos. As nossas particularidades tão especiais.

Senti isso outro dia, assistindo a vídeos antigos. Como foi bom encontrar aquela Thaís, mãe de duas crianças pequenas. Como foi bom ver o meu afeto tão doce com eles. Me senti no céu, *queen of the world*, mesmo, ao vê-los felizes, rindo das minhas palhaçadas. Ver os olhinhos deles, aqueles que sabem amar da forma mais ingênua, e por isso mais verdadeira, me olhando, foi um chacoalhão.

Enquanto a gente assistia, um deles se deitou nas minhas pernas, o outro apoiou a cabeça nos meus ombros.

"Ah, mãe, você sempre foi tão carinhosa e engraçada."

Em silêncio, pedi perdão àquela Thaís de anos atrás, a quem já desvalorizei tanto. Agradeci.

Querida leitora, seus filhos têm uma visão infinitamente mais acertada que a sua sobre a mãe que você é. Não deixe que sua cabeça a engane com as histórias negativas que seu cérebro insiste em contar. Liberte-se!

Nota importante: filme vocês, tire fotos, escreva sobre momentos. Lá na frente, esses registros contarão a história correta.

# Faz tão bem!

Se liga! Se existe uma coisa fundamental na função de cuidar e de educar um adolescente é estar aberto para a possibilidade de mudar de opinião. É estar disponível para as ideias que eles trazem e conhecer a forma como enxergam a vida e o mundo. Pode funcionar como uma grande escola, acredite. O mundo tem mudado bastante, e ninguém melhor do que eles para nos apresentar a essas mudanças.

Infelizmente, vivemos em um mundo polarizado, que parece ter somente duas opções em qualquer coisa que a gente faça. Vou dar um exemplo: ser uma mãe "rígida" ou ser uma mãe "desencanada". Só que, entre ser rígida demais ou correr o risco de negligenciar a educação de seu jovem, existe o "entre". Sim, o "entre", um lugar bem espaçoso e confortável. Nele, você consegue se mexer com mais facilidade e não se sentirá engessada.

Por isso, a ideia de ser flexível quando você achar que faz sentido, de pegar um pouquinho de cada coisa que você acredita e formar a sua própria versão do que considera bom para a educação de seu jovem, é essencial.

Entre o *sim* e o *não*, podem existir conversas, ajustes, regras combinadas, confiança, e então, quem sabe, o *não* pode virar *sim*...

Todo cuidado é pouco. É fundamental que os filhos percebam que, apesar de termos mudado uma vez de opinião, isso não significa que agora será *sim* para tudo, percebe?

Não é nada disso. Tem coisas para as quais o *não* nunca vai virar *sim*. Beber antes dos dezoito anos, apenas para dar um exemplo...

Portanto, não tenha vergonha nenhuma de mudar de ideia e traçar novas rotas. Muito pelo contrário, orgulhe-se! O importante é sempre manter a coerência com seus valores mais fundamentais e ser clara sobre por que mudou, ou manteve, uma opinião.

# Mãe, qual é a melhor idade da vida?

Meu filho me perguntou se eu preferia a vida agora, aos quarenta, ou na época da minha adolescência.

Fiquei muda. Que pergunta difícil!

Na adolescência, era muito bom ter a mente despreocupada de coisas que a minha imaturidade e inocência nem chegavam perto de entender. Era incrível aquele negócio que hoje eu tomo em forma de pozinho na hora do café, o colágeno, ser produzido naturalmente pelo meu corpo. Mais incrível ainda era a agilidade que eu tinha e a facilidade de perder os quilos extras. Era assim: festa no fim de semana. Se eu ficasse de segunda a sexta maneirando no doce, perdia uns cinco quilos. Hoje, preciso de alguns meses para eliminar o mesmo peso. Era maravilhosa aquela sensação, quase de imortalidade. Afinal, o fim provavelmente estava muito, muito distante. Havia a delícia das primeiras vezes. A convivência intensa com os amigos. Os shows, as festas, as viagens e o suspiro sonhador diante do que estava por vir. Ter uma vida inteirinha pela frente, cheia de possibilidades, de certa forma é mágico.

A adolescência é uma época muito boa, mas fatalmente influenciará a sua vida lá na frente. Não são duas vidas, filho, é uma só.

Agora, onde estou, o corpo não responde da mesma forma, as preocupações mudam de tamanho, a finitude se impõe como algo real. Já perdi pessoas muito queridas. À medida que os anos vão passando, vem junto uma clareza sobre a rapidez do tempo, o que me impulsiona a viver intensamente. Quando os quarenta chegam, as primeiras vezes ficam raras. Mas tem algo, filho, tem algo incrível. Todos dizem que a adolescência é a época da liberdade. Eu não concordo. Na adolescência, estamos sempre preocupados com a opinião dos outros, com ser aceito. O que é normal, mas que também aprisiona. Já a maturidade, além de trazer alguma sabedoria, nos liberta para ser quem realmente somos, sem nos importar com o que vão dizer. Isso é um ganho tão grande que não dá para explicar.

A verdade é que não dá para comparar o incomparável. Não dá para cometer a injustiça de preferir esta ou aquela fase. Se preocupe em ser grato e viver, filho. Escolha sempre viver, e a fase em que você estiver sempre será a melhor.

# O valor do dinheiro

DALILA MAGARIAN

Na gramática da vida, grana e adolescência são substantivos complementares. Daquele tipo que sempre vêm acompanhados por vírgulas, nunca por ponto final. Descobri isso na prática, quando meu filho, aos onze anos, chegou para mim e disse: "Mãe, está na hora de você me dar dinheiro para pagar as minhas contas".

"Como assim, cara pálida? Que contas? Que dinheiro?"

Só então descobri que estava na hora (ou a hora já tinha passado) de estabelecer uma mesada para ele. Meu rapazinho queria escolher sozinho o que comer na cantina, quantas vezes ir ao cinema com os amigos, qual camiseta com estampa de mangá comprar na loja de games. Claro, ainda levou bastante tempo para que eu delegasse a ele essas e outras funções. Mas a verdade é que a necessidade de ensinar a meu filho o valor do dinheiro era imediata e eu me sentia insegura sobre perder uma parcela de poder sobre as decisões da vida dele.

Para minha surpresa, desde que fechei a conta na cantina da escola e passei a entregar uma "verba-alimentação" para ele gastar como quisesse, descobri em meu filho um economista nato. Ele fazia o dinheiro render ao máximo. Para economizar, até passou a levar um lanchinho de casa (coisa que antes detestava). Outro de seus truques era me convidar para ir à lanchonete depois da aula – afinal, seria eu a pagar a conta.

Certa vez, descobri que ele revendia cartinhas de Pokémon para os amigos, aquelas que eu dava de presente quando ele tirava nota boa nas provas. Fiquei preocupada se ele não estaria tirando proveito dos colegas mais novos, mas ele me deu uma aula sobre o valor de cada personagem e ainda me mostrou uma lista de "encomendas". Cheguei a imaginá-lo Ministro da Economia, tamanha desenvoltura em calcular entradas e saídas. Decidi, por via das dúvidas, reduzir a quantidade da "mercadoria", com receio de adiantar demais o relógio do meu comerciante. Precisa dizer? Ele passou a comprar as cartinhas sozinho, pela internet. Sim, eu criei um "monstro".

Como sou mãe solo, admito que sempre fui um tanto esbanjadora em relação aos gastos com meu precioso bebê. Mães que não dividem a tarefa de criar filhos com um pai muitas vezes querem compensar o buraco afetivo que essa ausência provoca. Aos poucos, no entanto, a gente descobre que o buraco é muito mais raso e muito mais nosso do que deles. Não é necessário fazer um financiamento no BNDES para criar um filho feliz e emocionalmente saudável.

Claro, cometi meus equívocos. Houve época em que o quarto dele era mais recheado de brinquedos do que uma loja especializada. Ele também já teve mais roupas do que dava conta de usar. Como crescia rápido, chegou a perder roupas antes de ter tempo de usar. Ele vendeu tudo para um brechó. Mais uma vez, encarei o fato de que a necessidade de consumir era minha, não dele.

Houve ainda tempo em que o valor da mensalidade do colégio (sempre particular) levava boa parte do meu salário e não sobrava dinheiro para uma viagem de férias. Naqueles momentos de "passar janeiro em casa", eu me sentava com ele e explicava, tintim por tintim, como era mais importante gastar com livros, cadernos e uma boa educação do que com hotéis e passagens aéreas. "Depois de formado, você vai poder viajar para onde quiser" – isso virou uma espécie de mantra, que ele cansou de ouvir da minha boca.

Mesmo não tendo sido um modelo exemplar de mãe poupadora, meu filho cresceu sabendo que cada centavo era fruto do meu suor. Ele sempre me viu trabalhando até tarde da noite, reclamando de dor nas costas, estressada por causa de prazos. Eu o levava a fazer compras no supermercado desde pequeno e nunca escondi os momentos de dificuldade que passei para pagar os boletos do mês. Olhe que não foram poucos!

Uma realidade, tenho certeza, eu consegui transmitir a meu filho: gastar é fácil, ganhar é infinitamente mais difícil. E, o mais importante, ele aprendeu que dinheiro não compra tudo, não compra amor, paz de espírito, companheirismo, lealdade.

Felizmente, tudo isso a gente consegue ensinar a eles de graça!

# Adolescência é difícil?

Vivo escutando por aí que ser mãe de adolescente é difícil à beça. Que essa fase é f...

Só que, na minha humilde opinião, a dificuldade mora muito mais em nós, os pais, do que nos nossos adolescentes.

Longe de ser o "alecrim dourado"! Conheço perfeitamente o som cheio de raiva de uma batida de porta depois de algum não que eu digo, também já ouvi palavras duras, em tom de novela mexicana, como "queria ter outra mãe". Conheço também os olhos virados e as respostas monossilábicas.

Mesmo assim, continuo achando que a maior dificuldade dessa fase reside em nós. Na nossa teimosia, fadada ao fracasso, de querer ter controle absoluto de uma vida que não é a nossa. A dificuldade mora em nossa prepotência e na falta de sensibilidade de, muitas vezes, esquecer que ali se encontra um ser humano inteirinho, único. E isso prejudica qualquer relação, incluindo a de mãe e filho.

Insistimos em criar expectativas e sonhar com um futuro que não nos pertence. Insistimos em apontar a (nossa) direção para quem já caminha com as próprias pernas faz bastante tempo.

Insistimos em querer sinalizar atalhos onde eles têm o direito de optar pelo caminho mais longo. A gente insiste (e fica exausta) em guiar todos os passos de quem precisa tropeçar, cair e muitas vezes se esborrachar para poder crescer, aprender e, finalmente, amadurecer.

O lance aqui não é "largar e ver no que vai dar". Nada disso. Diálogo é extremamente necessário para você enxergar o que mora dentro do seu adolescente e para ele poder entender a maneira como você pensa. Mas é essencial refletir e abrir espaço para que eles aprendam com os próprios erros e construam o próprio caminho. É a mais linda prova de amor que podemos oferecer: deixar, aos poucos, que sejam responsáveis pelas próprias escolhas – e principalmente sabermos abraçá-las e respeitá-las, mesmo que nunca, jamais, tivessem sido as nossas.

# Seu adolê a considera uma péssima mãe?

Já reparou que, lá no fundo de nossa consciência, nosso modelo de boa mãe é o de alguém que abdica de tudo, que praticamente desaparece em nome do amor incondicional que sente pelos filhos? Uma coisa tanto quanto dramática e perigosa, não acham?

Desde que me conheço por gente, minha mãe sempre trabalhou, sempre fez coisas de que gostava. Sempre amou cozinhar. Ela pintava também, e se exercitava.

Eu lembro que, já na adolescência, eu observava a mãe de uma amiga que ficava em casa. Lembro que, dentro da minha cabeça, naquela época, eu achava que a mãe da minha amiga era uma mãe incrivelmente maravilhosa por estar ali, sempre disponível.

Lembro que questionava muito a minha mãe sobre isso.

"Por que você não está sempre aqui?"

Ela respondia que amava o trabalho dela, que fazia parte de quem ela era. Eu? Adolescente, né... Fazia o maior dramalhão com a história, depois ia para o quarto e chorava, chorava e emburrava.

E ela? Me acolhia, mas seguia firme em sua escolha.

Hoje eu sei que o amor que uma mãe sente por um filho não pode, de forma alguma, ser algo que a anule. Porque, se assim for, se a mãe demonstra que amar é sinônimo de desaparecer, é assim que seus filhos entenderão o significado de amor. É assim que aprenderão a amar.

Por isso, mãe, venho aqui agradecer por jamais ter se permitido desaparecer! Venho agradecer por ter feito sempre o contrário: por ter se empenhado em nos ensinar que saber amar a si mesma faz o amor que sentimos pelo outro ser muito mais bonito.

# Trabalho invisível?

Dizem que é um trabalho invisível. Aquele que é feito durante incontáveis madrugadas, enquanto todos dormem. Também ouvi por aí que é invisível o trabalhão de tentar fazer o bebê dormir por uma hora, acabar com o braço dormente, e ainda ter que sair rastejando feito minhoca, para não correr o risco de ele acordar e você precisar repetir a acrobacia novamente.

Escutei por aí que é invisível cozinhar comidas fresquinhas, lavar pequenas roupinhas, banhar o corpo de um bebê ou de uma criança.

Disseram ser invisível a canseira de passar o dia atrás de um bebê que começou a andar, porque agora qualquer cantinho é perigoso.

Ouvi que é invisível ficar toda suada, empurrando a bicicleta (com a lombar gemendo) até seu filho conseguir andar sem as rodinhas.

Dizem que são invisíveis as mãos que prepararam o lanche para a escola, e aquelas que fazem cafuné na hora do sofá.

Escutei que é invisível o levar e o buscar na aula de música e na natação.

E também que são invisíveis os beijos de boa-noite, assim como o abraço apertado no filho depois de ele correr para a sua cama e contar que teve um pesadelo.

Em outras palavras, o que dizem é que o cuidar, o educar, o ensinar, o zelar, o direcionar, o aconselhar, o doar até o último fio de cabelo não é visto; é completamente ignorado, como se houvesse uma "capa da invisibilidade" sobre quem está por trás de bebês indefesos, que se tornam rapazes ou moças prontas para esse mundão.

É isso, não se enxerga e, portanto, não se valoriza o trabalho mais importante da sociedade, aquele que forma seres humanos.

*Maternar* e *paternar* definitivamente não são trabalhos invisíveis. Pelo contrário. São trabalhos grandes, robustos. Ocupam um espaço e tanto. Têm peso. É esse trabalho que move o mundo. Que faz a roda seguir girando. Por isso, é uma grande tolice a sociedade seguir fingindo que ele inexiste.

## Quando a aproximação tá difícil

Conforme os filhos vão crescendo, parece que eles ficam mais "distantes" e mais "maduros". Que bom. Afinal, por mais que dê aquela apertadinha no coração, é esse o caminho, certo?

Mas (porque, nesse lance de ser mãe, tem sempre um *mas*) sinto que muitas vezes erramos na medida e acabamos por considerá-los mais distantes e maduros do que realmente são.

Eles dão aquele estirão e a gente nem acredita que tem filho daquele tamanho.

Olhar para o lado e ver seu garoto, que há pouco você carregava no colo, (bem) mais alto do que você é surreal. A imagem é tão impactante que, de alguma forma, a gente elabora um "cresceu" que não é verdadeiro.

Dia desses, meu adolescente estava com dor de cabeça. Chamei-o para perto de mim, achando que ele ia dizer que não precisava. Para minha surpresa, ele não só veio, como "meio que sentou" no meu colo. Fiz massagem no pescoço dele e o alonguei. Abracei-o e ficamos conversando e assistindo à tv.

Depois de algum tempo, ele foi ao banheiro e voltou. Adivinha para onde? Direto para o meu colo. Não me aguentei de felicidade. Ficamos mais um tempo ali, juntinhos.

Com esse impacto de perceber que o filho "cresceu", ficamos nesse lance de respeitar a individualidade, a distância (o que não deixa de ser importante), só que muitas vezes deixamos passar oportunidades preciosas.

A gente esquece que ali, dentro daquele corpo esguio, mora um coração que sempre precisará do colo e do afeto da mãe.

Por isso, não tenha medo do fora que você pode tomar. Eu tomo vários. Não desanime. Beije e aperte ele depois do almoço, abrace forte no meio da tarde. Chame para perto por cinco minutinhos no sofá. Chame para assistir a um filme, a uma série. Leiam o mesmo livro para poderem comentar.

Eu sei que não é fácil se aproximar do seu adolescente, mas garanto ser possível. E nós, mães, que tantas vezes já fizemos até o que diziam ser impossível, podemos tirar isso de letra, certo?

# "Mãe, tô namorando!"

ANA RAPHAELA NOVAES

Meu coração parou por alguns segundos. Como assim? Cadê aquele menininho que até ontem me chamava para caçar Pokémon quando eu chegava em casa?

Namorando? Não pode ser. Olha que já fiz muita terapia. Trabalho com crianças e adolescentes. Realizo orientação de pais. Eu estava certa de que seria muito tranquilo quando chegasse a minha vez, mas, confesso, não foi! Em casa de ferreiro, o espeto é de pau, lembram?

Em um primeiro momento, me peguei pensando e reproduzindo falas e olhares que nunca me ajudaram:

"Quem é ela?"; "Na sua idade eu ainda brincava de bonecas..."; "Como assim, namorando se eu não sei nem quem é?".

Foi preciso calar essa mente tagarela, crítica e exigente. Precisei respirar fundo algumas vezes. Precisei buscar apoio e colo também, até conseguir enxergar o quanto isso é normal. Ele está crescendo.

Se ele está feliz, tudo certo. Não significa um namoro maduro. É um namoro que cabe na idade dele. É só com isso que devo me preocupar, é sobre isso que devo orientar.

Então resolvi viver essa novidade do meu menino. Pela manhã, dentro de casa, ele brinca e briga com as irmãs como se ainda fosse da idade delas. À noite, chama uma das irmãs para perguntar se está bonito para sair com a namorada. Assim têm sido os nossos dias.

Eles crescem, as novidades chegam e a gente se assusta. A verdade é que nunca estaremos preparadas, mas se existe aqui um conselho a dar, é: oriente. Mas aceite, porque dói menos! Em nós e neles.

# Para as minhas futuras noras

Hoje pensei em vocês. Como será que vocês serão?

Neste momento, tenho eles debaixo das minhas asas. Os olhos, ainda de meninos, estão voltados para mim. Por isso, aproveito o tempo que tenho para dar muito amor, carinho e orientação. Crio os dois para que sejam livres, sensíveis, verdadeiros e independentes.

De vez em quando eles me ajudam a fazer refeições e a cuidar da cachorrinha. Tiram os pratos da mesa e precisam manter os quartos em ordem. É dureza falar mil vezes, mas penso lá na frente, em quem eles serão. Penso na relação de vocês. Hora ou outra mostro bebês para eles e os incentivo a fazerem carinho.

Já falei que mulheres gostam de flores. Quando menores, costumavam dá-las para as professoras.

Digo que, assim como os homens, as mulheres devem ser tratadas com muito carinho e respeito. Quando eles as convidarem para sair pela primeira vez, vou orientá-los a serem gentis. Sejam gentis com eles também.

Sabe por que eu faço tudo isso? Já estive no lugar em que vocês estão. Sei o que vocês sentem e o que esperam.

Não acredito que sogra de mulher tenha que ter um significado ruim como dizem por aí. Assim como noras não precisam ter, de maneira nenhuma, significado ruim para as sogras. Acredito que algumas mulheres não entendem seu papel, confundem tudo. Competem por amor. Não conseguem acolher a outra como família. Aí vira um caos, tudo desanda.

Vocês podem estar pensando: "Mas será que ela não vai sentir falta deles?".

Claro que eu vou! Acredito, no entanto, ter clareza sobre o meu papel de mãe. Quero que eles sejam felizes, quero que eles façam vocês felizes.

Por isso, saibam que meu coração estará sempre aberto e cheio de amor para recebê-las como filhas.

Seremos mulheres que vão amar de formas diferentes o mesmo homem. Eu como mãe, vocês como esposas. Isso é lindo. É saudável. É natural. É a roda da vida que gira, somando amor e relacionamentos.

Acolhendo, a gente agrega, une. Faz florescer a nossa família.

Não vejo a hora de poder conhecer vocês!

Se cuidem, e até um dia.

PS: Posso só fazer um pedido? Incentivem-nos a ser sempre amigos. Não reparem, coisa de mãe... um dia vocês vão entender.

# Fuja
## (e os oriente a fugir também)

Buscar ser uma mãe perfeita pode parecer um detalhe bobo. Geralmente segue de: "Eu sempre fui assim, de querer tudo perfeito". Garanto que não é. Pode até ser inconsciente, mas é muito sério, precisa de atenção, e o motivo é simples.

A busca pela perfeição anda junto com a competição. Sim, mães "perfeitas" são extremamente competitivas. Olham todas como rivais. Você deve conhecer alguma. Mas, se o problema fosse apenas esse, ainda estaria tudo certo. Afinal, somos adultas. Com o tempo, a gente percebe de longe quem é assim.

A questão são as crianças. Os nossos filhos, que convivem com os filhos delas. Se elas são competitivas, como você acha que os filhos serão, à medida que forem crescendo? E competição pode desaguar em mares bem perigosos, como bullying e exclusão (às vezes, a excluída é a própria mãe, viu?). O fato é que os nossos filhos podem até sofrer, mas, se estivermos atentas, desenrolarmos conversas, vamos perceber isso a tempo e orientá-los.

O cerne dessa questão é perceber que mães perfeitas destroem (sem intenção, claro) quem elas dizem mais amar – os próprios filhos.

Conheço histórias terríveis de mães que não aceitam os filhos como são. Corpos, estaturas, personalidades, emoções. Em um mundo onde a gente anda escutando tanto sobre se amar do jeitinho que se é, sobre aceitar e aceitar-se, pasmem, essas mães querem os filhos com o "selo de perfeição". Custe o que custar.

É, o perfeccionismo não tem limites, não permite que elas sejam o mais simples, o que os filhos mais precisam: um lar! Não permite, pois elas se transformam em generais rígidos, que não baixam a guarda para não perder o foco. Não permite, porque estão preocupadas consigo mesmas, com o que os outros vão dizer. Não permitem, pois são mulheres inseguras buscando suas próprias faltas em seus filhos. Consegue calcular o estrago?

Elas ultrapassam (e muito) o bom senso para que seus filhos sejam os mais educados, os mais populares, os mais altos, os mais isso. Os primeiros!

O que elas ainda não entenderam é que ser o primeiro não é nem de longe sinônimo de ser feliz.

# Abrace o seu adolescente por inteiro

BRUNA GAVINO

Não falo do lugar de mãe. Então, peço licença para deixar minha palavra a partir do lugar de alguém que não deixou de ser adolescente há tanto tempo assim. Mas que já conviveu, observou e ouviu mais de quatro mil adolescentes.

A adolescência é um período de formação da identidade e a pergunta que se repete na cabeça deles é: "Quem eu sou?". Essa busca pela identidade significa muita experimentação e indefinições, e isso é perfeitamente normal. Não é novidade que esse também é o período de afloramento da sexualidade. A geração atual, chamada de "Geração Z", tem se mostrado muito ativa na descoberta da sexualidade, e esse é assunto garantido entre os amigos.

Os pais e mães, por sua vez, nem sempre estão acostumados a falar sobre esse tema e podem se sentir despreparados para lidar com a questão.

Nessa idade, não é comum que eles comentem com os pais muitas coisas sobre sua vida pessoal. Portanto, se o seu filho chegou a comunicar que é homossexual, isso é um forte indício de que a questão seja realmente importante para ele.

O que você pode fazer é procurar entender o assunto mais a fundo, acompanhar, procurar ajuda, escutar tudo o que ele tem para dizer, sem interromper, sem apressá-lo ou querer interferir em sua sexualidade. Crie espaço para que ele faça suas próprias reflexões.

Em outro momento, você também pode dizer que ele não deve fazer o que não quer só para se encaixar em algum grupo e conquistar amigos, pois sempre irá encontrar pessoas que se pareçam com quem ele é de verdade. E que você irá amá-lo, independentemente de quem ele seja ou venha a se tornar.

Essas palavras irão trazer um conforto importante para que ele entenda a si mesmo. É preciso ter muita calma e paciência nessa fase, pois vai levar algum tempo para que o adolescente firme a sua própria identidade.

Se, com o desenvolvimento de sua maturidade, ele se entender como homossexual, não pense que você poderá reverter ou achar uma "cura" para isso, pois orientação sexual não é uma doença. Ser homossexual também não é uma escolha. Não há uma razão para alguém ser hétero ou homossexual: apenas somos.

Se você foi criada de uma outra forma, é compreensível que não seja fácil dar esse acolhimento. Você não precisa ter pressa, nem achar que isso se tornará instantaneamente algo trivial. Todos nós temos o nosso tempo. Seja honesta consigo mesma e com seu filho ou filha, e demonstre suas fragilidades, mas também demonstre a vontade de se mover, de mudar e de ser a melhor versão de mãe ou pai que você consegue.

Entenda que você não tem, nem deve ter, controle sobre tudo. Mesmo que seja difícil aceitar isso, tenho certeza de que ama seu filho ou filha, que deseja ter uma relação amorosa e quer que ele se torne um adulto sem traumas, com boa saúde emocional, capaz de se expressar e de se sentir confortável no mundo.

Se é esse o seu desejo, mantenha seu filho por perto, acolha-o, aceite-o, abrace-o.

# Tá difícil educar filho

Observando essa chuva insana de pessoas falando sobre o manual da boa (leia-se perfeita) educação, vejo claramente que o mundo acaba tirando a autonomia de pais e mães. Uma das abordagens em que por vezes há exagero é a do estado emocional da criança, do quanto ele influi em suas atitudes.

Coisas óbvias são problematizadas o tempo todo. Como se, na parentalidade, a gente tivesse tempo para isso...

Sei da importância do diálogo, da escuta. Obviamente, uso a educação não violenta. Mas acredito que colocar tudo na conta do emocional da criança é bem complicado, para não dizer perigoso.

Atendo no mesmo consultório de uma psicóloga que me disse não saber mais o que fazer com famílias que têm crianças que mandam nos pais, que sabem manipulá-los emocionalmente.

Colocar tudo na conta do estado emocional da criança acaba apavorando os pais. Consequentemente, eles perdem o limite que precisam estabelecer para os filhos.

Crianças sentem. Por exemplo: preguiça. Parece óbvio, mas achei importante avisar.

Podem não querer fazer um esporte por preguiça. Só preguiça mesmo, sem nenhum trauma, nenhuma questão emocional por trás. Existe isso, sabia?

Precisa ter conversa? Claro! Tentar entender o que está se passando? Com certeza. Mas não podem faltar limites e acordos que devem ser cumpridos. O que vai ser de uma criança que sente preguiça, mas que a mãe acha sempre que está com alguma questão emocional? Certamente, não terá palavra nem comprometimento com nada na vida.

Será que colocar tudo na conta do emocional da criança não é um caminho para criar seres humanos despreparados e vítimas da própria vida?

O lance é que, na ânsia de não criar nenhum trauma emocional no seu filho (o que é impossível), e de seguir preenchendo a "cartilha da educação perfeita, selo iso 2022", o feitiço certamente vai virar contra o feiticeiro e sua criança poderá se tornar um ser humano emocionalmente inseguro. Criança que não tem limite nunca se sentirá segura!

Por isso, nesse lance de educação, leia, informe-se, mas nunca, jamais, deixe de lado o seu *feeling*, as particularidades da sua criança e os seus princípios. Cuidado com o que consome de conteúdo, e confie em você. O emocional de seu filho agradece!

# Ciúmes de filho?

A pergunta que eu mais recebi nesses dias, ao relatar que o Matheus estava namorando foi: "Você sente ciúmes? Acho que eu vou morrer de ciúmes".

Bem, não sei se a minha resposta vai parecer sem graça, ou metida à besta, mas a verdade é que eu não sinto nem um pingo de ciúmes.

"Nada, Thaís?"

"Nada!"

Vocês sabem que aqui a gente fala do que sente, de verdade!

Tenho dois meninos e já pensei algumas vezes sobre esse assunto. Todas elas sem conseguir entender esse tal ciúme de que tanto falam.

Eu sempre achei esse lance de mãe que sente ciúmes de filho algo patológico, coisa mal resolvida. Acredito que tem relação com mulheres competitivas. Dá para observar isso claramente a partir de milhares de histórias de mulheres que têm sogras ciumentas. A sensação é que elas enxergam a nora como rival, e não como família.

Que erro infeliz! Fora o erro, tem o sofrimento que ele causa. Não só em quem sente ciúmes, mas na nora que não se sente acolhida. E adivinha quem é atingido em cheio por isso? O filho, claro!

Por isso, eu a convido a pensar sobre o assunto. Crie seu filho (ou filha) na certeza de que é um empréstimo de Deus na sua vida! Um presente para você cuidar e, como forma de agradecimento, mais tarde entregar ao mundo como um ser livre, feliz, cheio de força e autonomia.

Não se esqueça de que parte da felicidade de seu filho está na maneira como você lida com o que acontece na vida dele. Como você encara as conquistas e os relacionamentos que ele constrói.

No meu coração, a única coisa que sinto é felicidade por saber que ele está feliz. Por ela, a namorada, só consigo sentir um carinho enorme!

Posso dizer que vê-lo crescendo, com a primeira namorada, me emociona, ao mesmo tempo que me assusto com a velocidade do tempo. Mas, quando observo o jeito amoroso que ele a trata, o respeito, o carinho que tem por ela, sinto muita alegria! Sensação de que parte do meu dever está cumprido.

Querida leitora, cuide com muito zelo para construir uma relação de amor saudável com o seu filho ou filha. Lá na frente, isso fará toda a diferença!

# Nossos ídolos não são os mesmos

ZILDA DRUMMOND

Equilíbrio, na vida de uma mãe, é primordial. Mas, poxa, como é difícil!

Estamos desconstruindo a criação que tivemos, muitas vezes baseada em medo, falta de diálogo e obediência, para ouvir de outra maneira os nossos filhos, para nos comunicarmos com eles com respeito. Isso é excelente, é maravilhoso. Muito positivo, um mega-avanço. Porém, quando a adolescência chega, se não conseguirmos equilibrar a conversa com limites claros, com escuta ativa, com coisas que são inegociáveis, perdemos a mão.

Vou dar um exemplo para que isso fique mais claro. Já reparou nos ídolos de nossos filhos? Um youtuber que grita como um alucinado e diz que escola não presta, uma blogueira que, para ganhar mais seguidores, só falta enfiar uma melancia no pescoço, um mc que canta o sexo e a mulher com uma vulgaridade de causar arrepios.

É... definitivamente, os ídolos deles não são como os nossos, principalmente no que diz respeito aos princípios.

A gente fala, explica, tenta dizer de novo, milhares de vezes, mas eles seguem lá. Entram no YouTube, assistem à vida alheia nas redes sociais.

Como é difícil convencer um filho de que, muitas vezes, a mídia valoriza pessoas que nada têm a acrescentar de positivo a sua vida. Que vícios, dinheiro fácil, sexualidade precoce, maus comportamentos e vulgaridade seguem o caminho oposto do que deveria ser um verdadeiro ídolo.

Como é difícil fazê-los entender que o glamour das postagens nas redes sociais é fugaz. Que o que está aparecendo ali, além de não ser real, não constrói nada de profundo ou importante.

"Ah, mas ele é milionário."

Como fazê-los entender que dinheiro nada tem a ver com um bom trabalho? Que o importante é *ser*, e não *ter*?

Que dificuldade encontramos para chegar a esse equilíbrio, para passar bons valores com os ídolos que a adolescência tem hoje em dia.

Antigamente, os pais diriam: não vai mais ver isso e pronto. Atualmente, não é bem assim que acontece, ainda mais com um adolescente.

Que a gente não se canse de falar, alertar, orientar. Que eles entendam que precisam seguir o próprio coração, que devem dizer "não" ao que for errado e ter sua identidade própria, sem seguir a maioria.

Vivo na esperança de que uma hora, no tempo em que tiverem mais maturidade, eles possam seguir o caminho correto, e que tenham ídolos, sim. Mas ídolos que sejam realmente referência e fonte de inspiração de coisas boas.

# Não quero viajar com vocês

Viagem em família para a Chapada dos Veadeiros ou festa de Halloween com os amigos?

Não tem como ganhar. A gente perde de la-va-da.

"Ah, mas se você tem uma boa relação com seu filho, ele vai preferir você."

Sério? Você já foi adolescente?

Está tudo bem a gente perder de lavada. Que bom que eles preferem, faz parte desse lance de ser jovem! Estranho seria se não fosse assim.

Nada mudou em termos do que a gente sentia na nossa adolescência para o que eles sentem hoje. Adolescência continua sendo sinônimo de porta trancada, rebeldia, vontade de ser livre, leve e solto (mas com ajudinha dos pais).

Pois bem, o garoto esperneou, xingou (muito). Rolou desde "não quero viajar com vocês, prefiro os meus amigos" até "você é chata demais".

Eu? Vontade de esganar, mas treinando a minha paciência para me acalmar.

Ele iria, isso era um fato. Por que me aborrecer com as patadas?

A viagem chegou. Ele ficou extremamente irritado no dia que a gente foi, já que era o dia da tal festa. Rolou troca de mensagens dos amigos e ele ficou furioso. Claro, queria ir.

Mas, entre deixar para lá o nervosismo dele para não dar confusão e acolher o sentimento quando ele me procurou com respeito e educação, as coisas foram acalmando.

O foco foi mudando. Uma trilha aqui, uma cachoeira ali, uma conversa acolá. Um abraço apertado antes de dormir, a brincadeira com o irmão. Mais trilhas, risadas, momentos sendo construídos.

Então, quando eu menos esperava, em uma trilha qualquer, ele me agradeceu pela viagem.

Tudo isso para contar que ser uma mãe *cool* de adolescente certamente não significa deixar ele fazer tudo o que quer. Por mais que o seu adolescente fale que é isso, não caia na armadilha.

Ser legal, muitas vezes, passa por ser chata no início. E vou falar que eu nem ligo. Sabe por quê? O resultado são memórias afetivas.

Eles estão crescendo? Sim! Têm que ter muita vida social? Com certeza. Mas nós seguimos sendo responsáveis por eles.

Mesmo que você esteja insegura em como lidar com o seu adolescente, acredite: lá no fundo, você sabe dosar exatamente o que ele precisa. E de você, ele ainda precisa muito!

## Para perto

Traga a turma para perto! Esse, sem sombra de dúvidas, foi o melhor conselho que ouvi sobre ser mãe de um adolescente.

Nessa fase, as amizades são o que eles consideram mais importante. Topo da lista! Número 1 das paradas de sucesso. #MeusAmigosMinhaVida (bem dramático, bem intenso, assim como é a adolescência).

Sim, os amigos são mais importantes para eles do que nós, os próprios pais. Já falei que a gente perde de lavada, né? Essa é a realidade, vá se acostumando.

E está tudo bem, viu? Que bom se é assim por aí. Significa que seu adolescente está inserido em um grupo e se sentindo pertencente a algo, o que, para eles, é fundamental.

Traga-os para perto! Chame para vir em casa. Peça uma pizza – aliás, umas vinte pizzas (estômago de adolescente é surreal, como conversamos). Faça uma "hamburgada", uma churrascada, uma macarronada, sei lá.

Só sei que: traga todos para perto!

Conheça os amigos, mostre-se interessada no que eles têm a dizer, mas dê espaço e privacidade para eles interagirem, com aquelas passadinhas para pegar "não sei o quê" na cozinha, sabe?

Enfim... traga para perto!

Entenda as relações, conheça as histórias que eles permitirem, até para poder orientar seu filho quando ele trouxer alguma questão.

Traga para perto!

Ofereça-se para levá-los àquela praia a que eles estão pedindo para ir. É trampo, eu sei, às vezes dá preguiça, cansa pra caramba. Megarresponsabilidade. A gente tem que colocar o relógio para despertar para ver se chegaram no horário combinado. Tem que cozinhar para um batalhão, mas não sei nem se conseguiria explicar todos os benefícios de trazer os amigos para perto.

A porta do quarto sempre fechada, as conversas monossilábicas bloqueiam a gente para tantas coisas...

Por isso, não pense duas vezes em abrir as portas de sua casa para os amigos do seu filho. É uma maneira bem inteligente de trazê-lo também para perto de você!

# *Onde mora a felicidade?*

KEILA OLIVEIRA

"Felicidade não existe, o que existe são apenas momentos felizes." É o que dizem. Olhando para meu filho agora, jogando *video game* na sala com o pai, lembro que essa era a resposta que eu tinha na ponta da língua.

Era o que eu pensava quando habitava a caverna da adolescência. Breu, angústia, solidão, incertezas misturadas a uma energia surreal. Tudo amenizado por uma festa *hi-fi* com a turma, por dormir ou passar um longo tempo na casa de uma amiga, um *tereré* no portão da casa de alguém. Os tais momentos felizes. Será que a felicidade é feita mesmo de momentos?

Adolescente mora no olho do furacão. Tem que ser bom aluno, aprender outro idioma, não fumar, não beber, usar preservativo, dar satisfação aos pais, à família inteira, ter bons amigos, ler livros, resolver bem as paixões e os términos fulminantes. Adolescente não tem grana, costuma ter preguiça de viver de segunda a sexta, rastejando para o próximo fim de semana libertador. Ao mesmo tempo, tem que pensar nas médias para o Enem e vestibulares, decidir sobre o futuro pós-ensino médio: faculdade, profissão, novos amigos, nova cidade. Quer incorporar um modelo de adulto. É o apocalipse! Mas, será que é possível ver felicidade nesse cenário? "É óbvio que sim", nós adultos responderemos! Mas os adolescentes certamente discordarão.

Adolescentes geralmente pensam que felicidade só existe na casa dos trinta, quando, supõe-se, estarão com a vida encaminhada. Confortáveis com o próprio corpo e cabelo. No momento em que a pele não terá mais aquele monte de espinhas. Os trinta, um lugar em que finalmente vão olhar no espelho e gostar da imagem refletida.

A maioria deles acredita que felicidade mora mesmo na fase onde paga-se pelas próprias roupas, pela própria comida, e se pode fazer o que bem entender. Lá, naquele lugar, onde a preguiça que sentem passa a ser apenas um pensamento esporádico. Lá, onde as paixões são vividas e o amor é duradouro. Nesse lugar onde, mesmo que o tempo tenha deixado a vista um pouco embaçada, enxerga-se com clareza a tão sonhada maturidade – digo, felicidade.

*Só que não.*

Claro que, com algumas experiências, muitas coisas vão se tornando mais simples. Isso, contudo, não garante uma vida perfeita, até porque vida perfeita não existe, nem nos poupa dos perrengues e dificuldades.

Toda fase da vida é um lugar em que a gente mora por um tempo, e cada uma delas requer um tipo de cuidado. Felicidade mora na busca do aprendizado constante, seja nos momentos difíceis, seja naqueles que dão prazer. É com um olhar mais aberto para a vida que conseguimos enxergar a felicidade. É estar vivo, é sentir-se vivo.

Por isso, não espere os trinta, quarenta. Não espere a próxima fase. Aprecie esta que você vive hoje e esteja por inteiro nela. A felicidade mora onde você está, persista para enxergá-la!

**3** SENTIDO OBRIGATÓRIO

# Preocupe-se menos, viva mais

Não, não vim falar que passa rápido. O assunto é outro.

Meu rapaz de catorze, até os seus dez anos, não pegava no sono sem alguém (eu) por perto, e durante a madrugada, hora ou outra, vinha para a minha cama.

Corta para o último fim de semana! Pela primeira vez, ele ficou totalmente sozinho em casa na hora de dormir. Sem irmão, sem ninguém.

Quando cheguei, abri a porta do quarto e ele estava em um sono profundo. Cheguei pertinho, olhei para ele aliviada e lembrei de todas as vezes em que eu quase morri de preocupação e angústia por ele sempre precisar de mim para pegar no sono, por ele vir para a minha cama.

Lembrei das tantas vezes em que me deitei e fiquei pensando e repensando em estratégias e formas para ajudá-lo (todas sem sucesso).

Das vezes em que eu acordei de madrugada (quando tudo fica mais difícil, mais dramático, para ser sincera) e não conseguia mais dormir pensando que ele deveria ter algum trauma. Trauma que iria arrasar a vida dele para sempre (olha aí como é um dramalhão) pelo fato de ele não conseguir ficar sozinho.

No auge da madrugada, adivinhe só o que eu me perguntava? É isso mesmo que você está pensando: "Onde foi que eu errei?".

Quando fechei a porta do quarto do meu filho, que dormia tranquilo, pensei em você que está aí, com um bebê ou uma criança, vivendo algum perrengue.

Filho que não dorme sozinho, filho que não larga a chupeta, filho que tem dificuldade para se adaptar na escola, filho que não come bem, enfim...

Quero dizer que as questões que a aperreiam hoje viram pó lá na frente. Evaporam. Ficam para trás!

Nem sempre tem a ver com você, com o que você fez ou deixou de fazer. Na maioria das vezes, simplesmente é *assim*. More nessa certeza, respire esse conforto. Preocupe-se bem menos e viva bem mais.

Só para encerrar: sabe onde meu filho está nesse momento? Na viagem de formatura do antigo ginásio, curtindo horrores, bem longe de mim. Aliás, reclama se eu mando muita mensagem.

É... talvez eu tenha me enganado no começo, e o texto também seja sobre o fato de que tudo passa rápido demais.

# Dezoito

### ERIKA TOFANI

Hoje meu filho mais velho faz dezoito anos.

Nem preciso dizer que passa uma retrospectiva na cabeça (e no coração), né? Nem preciso dizer que esse dia é um grande marco na vida de uma mãe, certo?

Gente, dezoito! Como assim? Cadê meu bebê? Cadê meu menino? Respira, se controla! A realidade é essa, você tem um filho que já é maior de idade.

Nessa minha jornada de mãe houve vários erros, mas também muitos acertos.

Se me arrependo de algo? Claro, mas também vejo o resultado do "trabalho de formiguinha". Aquilo que semeamos enquanto eles ainda são terra fofa brota na adolescência, eu garanto! Os ensinamentos repetidos todo santo dia ficam, sim, enraizados dentro deles. O respeito ao próximo, o amor-próprio, o amor a Deus, à família, o correr atrás dos sonhos sem ultrapassar o limite do outro.

Nesse dia tão especial, o que me vem à mente é a importância dos *nãos* que eu disse pelo caminho. Nãos para que ele pudesse saber lidar com recusas e portas fechadas. Frustrações! Para que ele entendesse que nem tudo é como, onde e quando ele gostaria que fosse. Além desses *nãos*, penso também naqueles que foram ditos não só para preservar a integridade dele, mas para respeitar o meu limite de ser humano. "Hoje não, filho, a mamãe está exausta." "Hoje não estou legal, vai ter que ficar para outro dia."

O que eu percebo claramente é que, durante esses anos, em que me apresentei sempre de uma forma muito acessível para ele, hoje ganhei um presente muito especial. Assim como cuidei dele a vida inteira, agora ele também cuida de mim.

Ele aprendeu a maior lição que eu poderia passar: a de que a vida não é o País das Maravilhas, e também não é um lugar em que as pessoas podem olhar só para o próprio umbigo e se desesperar quando escutam um grande e sonoro *não*.

*Nãos*, mas cercados de fortes e potentes *sins*. "Sim, estamos com você filho." "Sim, você pode tentar esse caminho." "Sim, você é capaz." "Sim, você pode fazer isso sozinho." *Sins* que edificam e fortalecem seres humanos em formação.

Tenho orgulho de ter ajudado a construir esse adulto que vejo na minha frente. Acabou? Claro que não, trabalho de mãe nunca termina. Mas os dezoito anos são um marco, é a porta da frente escancarada para a vida adulta!

Agora é com você, filho. Use bem os princípios guardados no seu coração. Agora você é inteiramente responsável pelos seus atos. Mas não se esqueça, estarei sempre ao seu lado (mesmo quando distante fisicamente), incentivando, ajudando-o a se reerguer quantas vezes forem necessárias.

## Você importa

Hoje me deu muita vontade de dizer que você importa muito. Seus desejos, queixas, frustrações. Seus sentimentos importam muito, muito mesmo.

A menina que você foi, suas vivências, cada um dos seus tombos e tropeços. Sua adolescência e tudo o que se passou naquela época, até mesmo as escolhas que você fez (mesmo as mais inconsequentes) importam.

Sua trajetória inteirinha até aqui, cada esquina do caminho, não só importa como é a sua maior força.

As características que a tornam única e cada cantinho de sua personalidade importam, assim como cada curva do seu corpo, suas cicatrizes e tudo o que você pensa sobre os mais variados assuntos. As suas qualidades e as suas fraquezas valem ouro, bem como tudo o que você tem vontade de aprender e conhecer mundo afora. Importam a sua saúde, o seu bem-estar, os seus interesses. E não ouse achar que isso é egoísmo.

Importam muito os seus sonhos, o que faz o seu coração vibrar, e a sua opinião. As coisas que você ama fazer, então, nem se fala.

Importa, e como importa, ir em direção à vontade de começar a escrever com 34, voar de asa-delta com 40, fazer faculdade com 50, fazer sapateado com 60, entrar em uma aula de pintura com 70, fazer cachecóis para vender com 80 ou 90.

Querida leitora, queria que soubesse que, para além da mãe que você é, existe uma mulher incrível que importa, precisa ser regada, ouvida e cuidada.

Queria que soubesse que filhos crescem muito mais rápido do que você pode imaginar.

Queria que soubesse que a zona de conforto/acomodação é lugar perigoso. Tem areia movediça. Paralisa. Que estar conectada com a mulher que somos, quando temos filhos, dá trabalho pra caramba. Mas também queria contar que esse é o caminho para a nossa sanidade.

Queria que soubesse que, no dia da partida de seus filhos para o mundo, quando eles olharem para trás ao se despedirem, sentirão orgulho da mulher que você se tornou. E você, em silêncio, vai se agradecer por jamais ter esquecido de si mesma.

# Boa noite, filha

NURIT GIL

Agora feche os olhos. Descanse. Não se preocupe, que é assim mesmo. Nem sempre você será escolhida. Agora pode ser o papel na peça de teatro, mas acontecerá outras vezes. Talvez você não seja líder do time ou tenha o seu trabalho selecionado para a exposição de desenho. E está tudo bem. Existirão outros times, exposições, portas e janelas.

Nem tudo acontece como a gente planeja. O nome dessa dor? Angústia. Tem gente que a faz passar com remédio... eu prefiro mergulhar nela, entender e mudar. Dá um espaço para me deitar também? Você está quase do meu tamanho.

Feche os olhos. Tenta não sofrer nos dias em que a sua melhor amiga escolher não se sentar ao seu lado, pois será justamente quando você perceberá quanto mundo existe além dela. Ainda vai acontecer de você gostar muito de alguém que nem sequer a percebe na multidão – e, ao mesmo tempo, você não notará quem passa as noites pensando em você. Por vezes, os desejos se cruzam, enquanto noutras eles servem apenas para fazer sonhar. A gente cresce um tanto enorme sonhando. Não, não de altura, como você gostaria agora, mas de um jeito muito melhor.

Está tudo bem em ficar triste. Chore, respire, beba água e tente de novo. E de novo. Quantas vezes forem necessárias até chegar aonde quer.

Por mais que eu tente evitar, você vai acabar esbarrando em muita gente besta. Tem aqueles de quem devemos seguir juntos, mas esses a gente conta nos dedos. Escolha a quem encantar com sua sagacidade e o seu gostar das coisas que mais ninguém gosta. Não confie em qualquer adulto só porque ele conta mais anos do que você.

Promete que nunca vai aceitar quem escolher seus olhos azuis querendo mudar o seu eixo? Caminho reto não existe. Prepare-se para as rasteiras, a vida está cheia delas. Minha mãe me ensinou que a gente tropeça, levanta e segue o caminho. Eu a ensino o mesmo, mas com um detalhe: siga devagar. Sem pressa. Dará tempo e chegará voando. O mais importante é aproveitar enquanto a gente acha graça em pular ondas.

## Ser mãe e ser filha

Tem a mãe que precisa se apropriar de seu lugar, mas também tem a filha que deve conciliar duas coisas: ouvir, mas também filtrar o que ouve. Tem a mãe que cuida do filho, e a filha que já começa a cuidar dos pais, enquanto ainda precisa ser cuidada por eles. Preste atenção, a palavra-chave é *cuidado*.

Ser da geração da família que está entre esses dois extremos, as crianças e os idosos, exige, além de cuidado, paciência, jogo de cintura, afeto, força. Inspiração e transpiração. Principalmente, precisa-se de uma pitada generosa de sabedoria para pensar antes de falar, além de saber quando o silêncio é melhor do que qualquer palavra.

Estar nesse meio exige refletir sobre padrões e, se preciso, criar coragem para mudar o barco de direção, mas com delicadeza, para que ninguém salte do barco.

E não adianta tentar fugir. Se você tem pais, a maternidade a coloca inevitavelmente bem de frente para esse exercício difícil, porém maravilhoso.

Queria muito poder dizer que existe uma fórmula para lidar com tudo isso. Mas não existe. A única coisa que posso afirmar é que o convívio e as experiências que ele proporciona nos trazem, pouco a pouco, maturidade. Sim: maturidade de aprender, mas também de saber se impor. De calar, mas também de saber falar.

Às vezes dói, pega bem na ferida. Magoa. Dá vontade de jogar todo mundo do barco, ou pular e sair nadando sozinha.

Mas é nesse momento que é preciso respirar, refletir. E depois reunir todo mundo, tirar a bússola e o mapa do bolso e redefinir a rota. Dá trabalho. Exige flexibilidade de ginasta, mas, acredite, os benefícios são recompensadores.

Eu aprendo demais observando meus pais com os meus filhos. Aprendo sobre a velocidade insana da vida. A viver o momento presente. A ser mais leve, mais solta e jamais extremista. Mas aprendo, sobretudo, sobre a doçura de estar vivo.

Nossos pais devem respeitar nossas escolhas? Claro. Mas deixa eu contar uma coisa: dificilmente vão mudar. Por isso, tome para si as rédeas. Você está no meio, lembra? Deve ser o equilíbrio.

Um dia, se Deus quiser, será você no lugar deles. Eu aposto que, aquilo que fizer pelos seus pais, seus filhos provavelmente farão por você. Afinal, exemplo é tudo.

# Dores da vida

Eu repeti o primeiro colegial.

Sempre tive muita dificuldade com exatas. Aquele mundo de números e contas era incompatível comigo. Lembro das aulas particulares. Do cansaço. Era como correr, correr e nunca chegar. Lembro da minha mãe rezando nos dias das minhas provas de matemática. Meu pai tentando me ensinar o raciocínio do problema.

Lembro da sensação de derrota quando me deram a notícia. Do coração acelerado. Da vergonha. Do gosto amargo de sentir que estava decepcionando meus pais. Lembro da cabeça baixa. Da vontade de enfiá-la em um buraco bem fundo e nunca mais sair.

Quando dei a notícia para a minha mãe, ela disse que já imaginava. Contou que o professor a tinha procurado. Que eu realmente não tinha conseguido a nota, só que por alguns décimos. O professor perguntou se ela achava que eu deveria passar ou não. Ela disse para ele que não aguentava mais me ver, ano atrás de ano, sofrendo para alcançar algo que nunca chegava.

Abracei forte a minha mãe. De alguma maneira, mesmo não querendo reprovar, senti meu coração acolhido.

No primeiro dia de aula do ano seguinte, meu estômago virou do avesso quando pus os pés na escola. Para minha sorte, eu tinha um amigo que caiu na minha sala, e que me ajudou muito.

O tempo foi passando, notas melhores, autoestima se fortalecendo, cabeça levantando, laços de amizade sendo construídos ao som de Legião, Ivete, Jota Quest, Paralamas, Skank, Charlie Brown Jr. etc.

Laços tão fortes e profundos que fazem parte de quem eu sou hoje.

Não consigo descrever o que eu teria perdido se a minha mãe tivesse dito ao professor que achava que eu deveria passar.

Querida leitora, por isso, mesmo que doa, não tenha medo ou evite que seu filho sinta dores que fazem parte do caminho dele. Só assim se constrói gente de verdade.

Ah, e falando de você, independentemente do que esteja passando, saiba que, por mais densa que esteja a neblina por aí, se você juntar coragem e insistir em olhar adiante, quando menos esperar se surpreenderá com o Sol luminoso que espera por você.

# O poder de uma amizade

Outro dia, minha avó disse que estava cansada de viver. "Sabe, filha, família é riqueza, mas viver sem amigas é muito triste."

Ela tem noventa anos. Já se despediu de todas as amigas. Sempre que fala de alguma parte do corpo que dói, ou se queixa da visão que está bem prejudicada, eu dou um jeito de animá-la. Digo que ela está incrível, que eu nunca vi uma senhora de noventa tão sacudida e cheia de vida. A gente relembra histórias. Ela, então, logo se anima.

Desta vez, o que ela disse me tocou de uma maneira que eu não consigo explicar. E (nesse momento) foi bom ela não estar enxergando direito. Assim, não viu as lágrimas que literalmente pulavam dos meus olhos. Disfarcei a voz embargada, abracei-a e disse que estaria sempre com ela.

A lucidez e a sabedoria da fala de alguém que tem uma baita bagagem de vida comprovam aquilo em que sempre acreditei: a potência do amor que relações de amizade carregam.

Quão maravilhosa é a força da cumplicidade. Traz para a nossa vida profundidade, e ao mesmo tempo leveza. Como é importante a troca com pessoas que tem mais ou menos a nossa idade e estão vivendo mais ou menos os mesmos perrengues e desafios.

Reconhecer-se na outra. Levar uns puxões de orelha (porque amizade que é amizade tem liberdade para isso). Poder falar sem papas na língua, ter conversas que começam despretensiosas, mas que sem querer, de repente, viram papos cabeça, que abrem um mundo inteiro de novas perspectivas. Rir em *looping* de coisas bobas como as figurinhas do WhatsApp (daquele jeito que chega a dar vontade de fazer xixi nas calças, sabe?). Relembrar histórias que só fazem sentido serem lembradas quando estamos juntas. Sair correndo para um café de emergência quando a amiga precisa, ou ser acolhida em um abraço quando a necessidade de desabafar é nossa.

Tudo isso é bálsamo, tem poder terapêutico. É como um banho de cachoeira. Renova, dá forças!

O fato é que, na correria, a gente se esquece de mandar a mensagem, de marcar o café, de apertar os laços. Esquece que a vida é finita, e que amizade é uma das maiores preciosidades que a gente possui.

# Me desculpa?

A gente erra bem mais com o primeiro. Bom, pelo menos eu sinto assim.

É tudo novo. Um caminho que precisa ser capinado. E capinar, minha amiga, dá trabalho para caramba. Cansa!

A primeira maternidade é uma experiência que a gente precisa cavar lá dentro. E, quando a gente realmente se entrega, o buraco é sempre fundo. Sentir o peso da responsa de cuidar de outro alguém não é simples.

Por isso, acho que a relação que temos com o primeiro filho tem uma força diferente. Intensa. É a única maternidade em que vivemos o luto da vida que tínhamos sem filhos. É ser novata nesse lance de ser mãe.

Eu tô aqui dando voltas para dizer que tem algo que eu fiz com o meu primogênito que volta e meia aparecia no meu pensamento. Arrependimento? Muito. Natural, não? Já falamos bastante quão óbvio é o fato de que vamos errar, certo? Humanidade, lembra?

Só que era algo que, quando eu lembrava, doía. Amassava meu coração.

Dia desses lembrei desse acontecimento assistindo ao seriado *This Is Us*. Ele estava a poucos metros de mim, no quarto, com a porta fechada.

Chamei. Ele logo veio. Eu estava deitada no sofá. Ele, que já está bem mais alto que eu, mas que nessas horas não tem noção do tamanho que tem, se jogou em cima de mim, como fazia quando era pequeno, e continua fazendo. Eu, mesmo amassada, amo!

Pedi para ele olhar para mim. Lembrei-o do fato, ele riu e falou que não era nada. Disse achar até engraçado o que me assombrava. Eu falei que para mim era importante, que eu gostaria de me desculpar porque penso sempre nisso.

Ele me abraçou forte.

"Mãe, tá tudo bem!"

Chorei por um tempo agarrada nele. Disse que o amava, que sentia muito por ter feito aquilo. E o agradeci por ter vindo como meu primeiro filho.

Aquele choro, junto com o abraço forte, somado ao pedido de desculpas, foi uma cura para mim. Leia de novo: uma cura.

O que eu queria dizer é que a gente erra, claro, mas a boa notícia é que, na maternidade, assim como na vida, aprendemos com os nossos erros. Adivinha? Como na vida, não só podemos como devemos pedir desculpas, mesmo que aquilo tenha acontecido há muito tempo.

# Notícias do futuro

RENATA KOELLE

Adolescência. Fase das atitudes inconsequentes e dos exageros. Sinto que, quando nossos filhos estão nessa fase, eles são uma hipérbole ambulante. Tudo é intenso! O amor, a dor, o silêncio, a cara feia a cada *não* que recebem.

Meu filho mais velho já está saindo dessa fase. Olhando daqui, concluo que algumas coisas ficam mais fáceis quando eles crescem. Sim, contrariando um pouquinho a máxima que ouvimos das nossas mães e avós: "Filho criado, trabalho dobrado".

Acredito que sim, o trabalho parece sempre dobrado a cada nova situação, seja com filhos pequenos ou já crescidos. A cada novo desafio, uma nova angústia e o receio de saber se estamos acertando ou errando.

Percebo, no entanto, que o canal que abrimos na comunicação com os nossos filhos é a nossa maior conquista. Facilita, e muito, a relação que temos com eles conforme crescem.

Aos dezenove anos, sinto que meu filho já consolidou muito dos princípios e valores que passei. Ainda que ele tenha angústias e dúvidas, sabe mais do que nunca que tem abertura por aqui. Isso me dá paz, afinal, se ele não sentisse essa abertura para conversar quando alguma coisa aperta (e sempre aperta, a gente sabe), ele certamente buscaria, lá fora, por respostas. E o "lá fora" é tão incerto, nunca sabemos o que vão encontrar.

Ainda que aos dezenove ele tenha mais experiência e possa até antecipar a consequência de algumas atitudes, sinto que a conversa que temos é um farol para as hipóteses, incertezas e possibilidades que passam por sua cabeça.

Claro que não há respostas prontas, pois frequentemente as dúvidas são existenciais: profissão, namoro, viagens, escolhas de vida. Mas poder trocar tem sido fundamental.

Venho do futuro garantir que, se você, de alguma maneira, se dedica a trocar com seu adolescente, quando essa fase tão autocentrada passar, você certamente voltará a ser referência para ele. Terá muito mais espaço na vida que seu filho está construindo e no que ele anda sentindo. Pode confiar!

## Não tente controlar

Dia desses, assistindo ao seriado *This Is Us*, escutei algo que fez muito sentido. Valeu como dez anos de terapia.

Era mais ou menos assim: "Fazemos o máximo pelos filhos, mas o que eles se tornam não está em nossas mãos".

Se você é uma pessoa controladora, pode ficar revoltada com a frase. Pode não ter descido bem, e talvez seja difícil digerir. Garanto, no entanto, que a frase é composta por dois ingredientes: verdade e realidade.

Hoje, temos muitas facilidades, muita informação, mas criar filhos anda infinitamente mais pesado do que era no século passado. São tantas regras. É tanto "não pode isso", "não pode aquilo."

Alimentação 100% saudável, educação 100% positiva. Tudo 100% perfeito para que tenhamos filhos... perfeitos? Sério isso?

Ilusão, querida leitora, pura ilusão. Não temos, em absoluto, o poder sobre o que nossos filhos se tornarão.

Tem a personalidade de cada um, a emoção do momento, os amigos, as vontades, as inseguranças, o acaso. Tem os encontros do destino ou da vida, como preferir chamar. Acontecem com eles também. Tem vida pulsando e se apresentando nas suas intermináveis e maravilhosas variáveis.

É ilusão você achar que controlará as amizades, é prepotência achar que dá para controlar a dança da vida. É inocência acreditar que seu filho interpretará tudo da maneira que você espera que ele interprete. Ignorância, achar que você o livrará de todas as encruzilhadas e buracos da vida.

Você pode seguir a cartilha da maternidade perfeita e, ainda assim (ou até por isso), criar traumas em seu filho. E está tudo bem, não existe ser humano sem traumas. O trauma dele pode ser, inclusive, não poder comer o brigadeiro na festinha porque você leu que é melhor não dar doce. Percebe que não dá para controlar?

Seu filho não é o seu trabalho, que precisa de resultado. Nada disso. É muito mais, mas, ao mesmo tempo, bem mais leve.

O que é nossa responsabilidade, então? Guiar. Entender o tamanho e os limites de nosso papel.

Que o ego não nos cegue. Que o equilíbrio nos encontre. É liberdade para a gente e para eles também! Que a gente se surpreenda e aprenda a admirar o que eles se tornarão!

# Desculpa, mãe

Você era tão nova, fazia tanto.

Mas eu cobrava. Queria mais e mais companhia, atenção, carinho e todo o resto.

Você era tão nova.

Eu reclamava que você trabalhava muito, mas eu não tinha noção de que a culpa podia estar fazendo morada bem no meio do seu coração. Não sabia das acrobacias que você fazia para ter tempo de se deitar comigo na sua cama e jogar conversa fora.

Você era tão nova.

Corria de um lado para o outro. Estava sempre fazendo alguma coisa. Trazia trabalho para casa. Lembra quantas e quantas provas você corrigiu comigo chamando para me ajudar na tarefa? Você cozinhava comidas gostosas. Fazia torta de morango e pão doce. Comprava as coisas para o nosso lanche. Sempre tinha frutas e legumes. Mas eu e minha irmã muitas vezes não colaborávamos. Reclamávamos da comida e de outras tantas coisas.

Você era tão nova, se preocupava com a nossa educação.

Mas a gente, muitas vezes, a chamava de chata, virava os olhos, fazia dramalhão, enfrentava você e questionava tudo.

Você era tão nova, tentava agradar.

Esforçava-se para conversar, mas eu, no auge de minha adolescência, nem sempre estava disponível.

Você era tão nova.

Eu exigia respostas, soluções e orientações imediatas. Como se você fosse uma espécie de entidade. Hoje, eu sei que você não é. Assim como sei que não ter todas as respostas a deixava angustiada.

Hoje, sei o quanto você tentava. Tenho 42 anos e me sinto uma menina sem respostas para muitos dos questionamentos dos meus filhos. Sinto-me insegura. Muitas vezes, perdida com os novos desafios que ser mãe me traz. Hoje, eu tenho 42 anos e me sinto uma garota tentando agradar, mas com a sensação de que sempre estou devendo algo.

Hoje, mãe, eu sei o quanto você fazia. Hoje, mãe, eu tenho a certeza cristalina de que você deu o seu melhor.

Eu sei, de verdade. Afinal, é isso que eu faço todos os dias.

Queria que você soubesse que eu sinto saudades daquela época.

Te amo!

Obrigada por tudo!

# Dor de filho

Ontem peguei o Matheus chorando no quarto. Aquele choro sentido dos filhos, que dá vontade de abraçar forte e colocar eles no colo, sabe? Ele não queria falar, pediu para eu sair, mas me sentei na cama dele e dei uma insistida, porque vi que ele estava realmente precisando.

Ele se abriu e, claro, como qualquer adolescente, as sensações que sentia pareciam ser as maiores e mais difíceis do planeta.

O que a gente costuma fazer? Dizer que não é nada, que é exagero.

"Deixe de bobagem, vai passar."

Eu sei, eu sei que na maioria dos casos é bobagem mesmo, já que o processamento das emoções dos jovens é diferente do nosso. Eles sentem tudo muito mais intensa e profundamente do que a gente. Eu sei que, em geral, dali a uma, duas horas, eles estarão bem, alegres, nem parecendo os mesmos que estavam sofrendo horrores horas atrás.

Acontece que é muito triste para eles quando minimizamos ou ignoramos o que estão sentindo. Naquele momento, a sensação é de que o mundo vai acabar. Além do fato de que a gente deve ser esperta e perceber que minimizar o que eles sentem é uma tremenda cilada, pois os afastará ainda mais.

Calma, veja bem, não acho, de maneira nenhuma, que devemos supervalorizar o que eles sentem ou passar a mão na cabeça quando estão claramente errados, tá? Dá para dar carinho, amor, abraço, dizer que entendemos. Mas também dá para, em seguida, incentivar a dar a volta por cima, além de propor a reflexão sobre possíveis soluções, para que o adolescente não se afunda na dificuldade que está passando.

Caso eles tenham errado, é importante orientar a ter humildade e a se desculpar. Pontuar onde achamos que eles devem trabalhar o emocional, de modo que lidem com as demandas da vida.

Depois de conversar com o Matheus, ele pediu para eu sair. Disse que queria ficar sozinho. Fui para o meu quarto. Fiquei pensando sobre como é difícil ver o sofrimento de filho. O coração fica apertado. A gente os vê tendo atitudes impulsivas e sabemos de antemão que, certamente, quebrarão a cara. Não é fácil, dá vontade de pegar pela mão e guiar pelo caminho.

Mas está errado. Errado, porque sabemos que errar e se frustrar é importante para que eles cresçam! Não existe amadurecimento sem erro.

Depois de algum tempo ele saiu do quarto, veio para perto, deitou-se no meu colo e agradeceu pelos conselhos e pelo carinho. Eu? Abracei meu filho bem forte e mentalmente me agradeci por não ter seguido o padrão ultrapassado "mãe de adolescente", que tem o péssimo hábito de minimizar o que o filho sente.

# Adolescer *versus* envelhecer

Geralmente, enquanto os filhos adolescem, os pais começam a sentir o processo do envelhecimento chegar.

Não é assim?

Enquanto a gente vê os hormônios borbulhando neles, a juventude brotando por todos os poros daquele corpo que, há pouco tempo, cabia perfeitamente no nosso colo, começamos a observar nossos primeiros cabelos brancos. O tônus da pele fica diferente. Ela fica molenga, para ser sincera. Colágeno, cadê você? A pele das mãos não deixa a gente esconder, não é mesmo?

Só que, do mesmo jeito que não é moleza adolescer, também não é fácil envelhecer, certo? Dá um saudosismo da parte da vida que ficou para trás, do *glow* da pele, da energia que já não é mais a mesma (alô, balada com sanduba às 5 da manhã), e da libido que, a propósito, some de tempos em tempos.

É completamente normal sofrer com esse processo. "Ah, mas os 40/50 são os antigos 20/30". Claro que estamos vivendo mais, mas vamos ser realistas: os quarenta são os quarenta, os cinquenta são os cinquenta. A questão da reprodução feminina escancara esse fato na nossa cara. Por isso, a menopausa é um momento tão complicado para tantas mulheres. É importante a gente se abraçar nesse momento, mas é fundamental perceber que é tolo e em vão ficarmos atrás de uma juventude que não faz mais nenhum sentido para nós, e sim para eles.

Se a gente olhar com cuidado, é interessante perceber o caminho natural da vida. É curioso entender que aceitar o nosso processo de envelhecimento é o melhor que pode acontecer não só para a gente, mas também para os nossos filhos (eles, definitivamente, não querem nem precisam de pais jovens). Afinal, o envelhecimento não vem sozinho. Ele traz maturidade. Maturidade essencial para a gente adquirir cada vez mais sabedoria para lidar com esse momento tão desafiador na vida deles. O momento em que eles estão se tornando gente.

Que a gente tenha bom senso para administrar bem o nosso envelhecer, pois, assim, certamente, teremos bom senso para administrar bem o *adolescer* deles.

Cada um no seu lugar nessa roda linda da vida. É bem melhor e mais fácil assim. É o natural, não é?

# Ninho vazio

Quando o ninho se esvazia, tem madrugada acordada com um turbilhão de pensamentos. Tem privação de sono como nos tempos dos filhos bebês. Mas, agora, em vez de chorar por querer dormir mais, choramos de saudade deles ainda pequeninos nos braços. Quando o ninho se esvazia, tem questionamento. Rebeldia com o tempo que não perdoa. Tem saudosismo que faz morada e parece que nunca mais vai embora. Tem espaço vazio que cisma em querer ser preenchido.

Quando o ninho se esvazia, nasce revolta por despedidas. Afinal, eles voltam, mas logo vão embora de novo.

Quando o ninho se esvazia, não tem mais aqueles detalhes que aos olhos dos outros parecem bobos, mas que a nós significam o mundo. Quando o ninho fica vazio, faltam a conversa, deitados no sofá, os olhares se cruzando na cozinha e os abraços nas horas mais inesperadas.

Quando o ninho se esvazia, junto com os filhos vai embora uma parte da identidade do nosso lar. Vão o tom de voz, as brincadeiras, as manias. Vão-se qualidades e dificuldades singulares. Vai embora a presença diária. Parte junto com eles, porta afora, uma fase especial das nossas vidas.

Quando o ninho se esvazia, dói. Por isso, é importante se deixar chover. Também é essencial a gente se amar, se conhecer. É primordial estar conectada com a nossa essência. Com o que nos faz bem. É fundamental termos vida e relações com bases sólidas, para além da maternidade. Nesta hora, é ouro o fato de termos projetos, planos. Sonhos.

Só assim não iremos tentar preencher um vazio que jamais deve ser preenchido, e sim vivido. Só assim o saudosismo vai, pouco a pouco, se despedindo e abrindo portas e janelas para uma nova, e por que não maravilhosa, fase de nossas vidas.

## Amor à vida

É tão delicado falar desse tema. Mas é mais do que nunca necessário. Infelizmente, os suicídios na adolescência têm crescido de modo assustador.

A gente fica com o coração angustiado, partido, amassado. Ficamos em luto pelos que se foram, pensando na dor insuportável que eles devem ter sentido para tomar essa atitude. Ficamos devastados pensando na dor dos familiares (se você é pai ou mãe de um jovem que se suicidou, receba todo o meu amor).

Ao mesmo tempo, voltamos os olhos para os que estão aqui e ficamos pensando: "O que podemos fazer?". Que fique claro: não acho que exista uma fórmula mágica. Certamente, houve jovens que se suicidaram mesmo dentro de famílias amorosas.

A minha tentativa, aqui, é tentar pensar, trazer luz ao assunto, com a certeza de que não temos garantias. Somos reles mortais, não temos nenhuma solução perfeita. Nem de longe, de muito longe, sabemos de todas as coisas, certo?

Quando esse tema me vem à cabeça, a primeira palavra em que penso é: fé. Acreditar, piamente, que exista algo gigante, potente e maravilhoso que nos presenteou com o milagre da vida. Me vem a fé porque é só ela que tira a gente da cama quando o mundo cai sobre a nossa cabeça. Me vem a vontade de ajoelhar, levantar as mãos para o céu e pedir força.

Me vem a importância de exercitar a gratidão por coisas que nem pensamos, mas que na verdade são gigantes, como andar, respirar com calma e de olhos fechados ou sentir, com as mãos, o coração bater dentro do peito.

Me vem a maravilha que é a sensação de praticar uma atividade física. Me vem a certeza de que, para conquistar algo, é preciso muita luta. Que o caminho é longo, mas que é só o caminho, mesmo que ele esteja difícil, que fará a gente crescer, evoluir.

Quando penso nesse tema, eu me lembro do quanto é necessário entender que somos humanos, falhos, e que está tudo bem errar, porque a cada manhã temos a oportunidade de tentar de um modo diferente. Me vem a importância da coragem para tudo, inclusive para dizer com todas as letras que algo não vai bem.

Me vem a certeza absurda de que eles precisam saber que, independentemente do tamanho do problema, nós sempre estaremos de braços abertos para acolher, ajudar.

Me vem a necessidade de observar, todos os dias, como eles estão, de estar por dentro da vida deles, de dizer, com clareza, que nessa fase eles sentem tudo intensamente. Que, por isso, quando algo não vai bem, eles precisam se concentrar em respirar, tentar se acalmar, e que, caso não dê certo, eles não devem hesitar um minuto em pedir ajuda!

Me vem a certeza de que existe limite para a porta fechada. Hora ou outra, devemos não apenas bater, devemos entrar e puxar conversa.

# Roda da vida

Das coisas bonitas que eu já vi nesta vida, os meus pais cuidando dos meus avós certamente é a maior delas.

Ter observado meu pai penteando o cabelo da minha avó, e minha mãe ter a ideia de fazer o arroz-doce que meu avô amava porque ele já não conseguia comer comidas sólidas, é preciosidade que habita a minha memória, que esquenta a alma.

A sensação é tão boa. Me faz respirar fundo. Sabe aquela inspiração profunda que preenche tudo, seguida daquela expiração que dá paz e segurança? É lar!

Nessas horas as lembranças vêm chegando aos pouquinhos. Lembro das noites de Natal e de Ano-novo. Lembro de quando, nas férias, eu ia para Santos e podia passar mais tempo com eles. Lembro da "média" quentinha (talvez só santista entenda) que meu vô Abel trazia da padaria da esquina para o café da manhã; das histórias que ele contava de Portugal; da sua vinda para o Brasil no porão do navio e do trabalho no cais de Santos. Lembro das gargalhadas da minha vó Maria. Das horas a fio jogando jogo de tabuleiro com a minha vó Regina, e do cheirinho da pipoca que só meu vô Marcelo sabia fazer. Lembro de quando eles me levavam à praia e eu corria feliz e saltitante para o mar. Recordo-me dos inesquecíveis passeios de ônibus, quando eu ia olhando pela janela e enchendo a minha avó de perguntas.

Penso na força do exemplo. Mais do que isso, na potência do cuidado.

Hoje em dia, existem informações e mais informações sobre parentalidade, só que nenhuma delas importa se a gente não perceber que o mais valioso é honrar as nossas origens, entender que moderno e atual, mesmo nesse lance de criar filhos, é aprender com quem – e cuidar de quem – chegou aqui muito antes da gente.

Não há outra forma de *ensinar* sobre amor, senão se dedicando a quem acabou de chegar, claro. Mas de nada adianta se não mostrarmos, a quem é novo nesta vida, que cuidamos e ouvimos com o mesmo amor a quem está aqui há bastante tempo.

Só assim a roda da vida será completa. Só assim o amor vai se eternizar.

# *Maternidade sênior*

ROSELI VILARINHO

Desde que me tornei mãe pela primeira vez, há mais de quarenta anos, tenho sido observadora e aprendiz das experiências que a maternidade proporciona.

Tive meus erros, acertos, perrengues. Enfrentei batalhas do dia a dia de uma mãe normal que cria seus filhos, administra a casa, trabalha fora.

Hoje, beirando os setenta anos, não canso de aprender. A vida segue me ensinando lições importantes.

Tenho duas filhas adultas: a Thaís, que tem dois filhos, um de catorze e outro de onze anos; e a Bia, com projeto de se tornar mãe. É gratificante ver como ambas se tornaram mulheres independentes, profissionais bem-sucedidas, construindo suas famílias.

É neste momento que eu e meu companheiro de vida nos encontramos. Uma fase diferente. Continuamos a ser pais e avós. Contudo, somos bem menos solicitados. Nossos netos adolesceram e não nos ocupam tanto quanto antes.

Atualmente, temos tempo de sobra para nós mesmos e, muitas vezes, não sabemos o que fazer com ele. Não exercemos mais uma atividade profissional porque, acredite, chega o dia em que não queremos mais estresse e preocupação com trabalho.

Meses e anos continuam a voar, mas as horas do dia se arrastam. De repente, falamos coisas do tipo:

"Ainda são 3 horas da tarde e não temos mais nada para fazer".

Pois é, as horas transbordam, justamente aquelas que tanta falta nos fizeram enquanto criávamos as nossas filhas.

É então que a maturidade, junto com a sabedoria e um desprendimento nível *hard*, devem entrar. O que fazer? Segundo minha experiência, devo construir uma rotina e realizar coisas de que gosto. Esse tem sido um caminho bem importante.

Viajar, passear, me exercitar. Ou mesmo ficar em casa, fazendo coisas que me estimulam, como cuidar das plantas, cozinhar, pintar um ambiente, assistir a uma série. Dessa forma, as minhas filhas sentem que eu estou bem. Aproveito, com amor, os momentos que passo com elas. Procuro focar na minha independência, sempre tão importante para mim, e evito cobranças. Dessa forma, "permito" que elas continuem empreendendo em suas próprias vidas, sem grandes preocupações comigo.

Quando estamos juntos em viagens, ou aqui em casa, ou na casa delas, curtimos muito com a família toda reunida.

Elas tiveram avós independentes que, com o passar dos anos, passaram a não ser tão independentes assim. Elas têm pais que cuidaram (e seguem cuidando) com amor de seus avós. Acredito que tudo isso ofereceu a elas um referencial importante.

A longevidade é um fato. Sei que essa minha independência tenderá a diminuir com o passar dos anos e, inevitavelmente, vou necessitar de ajuda das minhas meninas para coisas do dia a dia.

Atualmente, fico agoniada sempre que penso nesse tema. Não gostaria de que grande parte da vida de minhas filhas fosse absorvida com os cuidados comigo.

Sempre foi minha característica andar um pouco à frente, não deixar que os problemas aconteçam para depois resolvê-los. Busco me antecipar.

Por isso, tem sido um esforço não me "pré-ocupar", para conseguir viver o hoje, que é sempre um presente e a nossa única certeza.

Atualmente, cuidando da minha mãe, que está com Alzheimer, a vida escancara para mim que, lá na frente, possivelmente haverá coisas que fugirão ao meu controle. A duras penas, tento entender e aceitar isso. Assumo a roda da vida. Acredito que elas, as minhas garotas, certamente farão, com todo o amor, o que acharem melhor para mim.

## Dicas práticas

Bata na porta antes de entrar. É sinal de respeito e evita constrangimentos.

Não leve tudo para o pessoal. O afastamento de seu filho, a sensação de ter se tornado insignificante não é só com você, é igual com todo mundo. É normal sentir melancolia. Repita mentalmente: "Não é a relação do meu filho comigo, é uma fase". E posso falar? Aproveite o tempo que sobra para você.

Não tenha medo de perder algo por impor limites ou dizer não. Muitos pais acham que vão perder seus filhos porque eles estão mais distantes. Alerta: cilada. Perde mesmo é quem se perde do papel de criar e educar.

Fase da rebeldia (que também é normal e saudável). Mas, do nosso lado, momento crucial para pontuar o respeito à hierarquia em todos os ambientes. Lembrá-los de que eles devem, e muito, falar o que pensam e como se sentem, mas sempre com educação.

Treine, dia e noite, a sua presença de espírito para conseguir distinguir as atitudes que podem ser ignoradas daquelas que precisam de intervenção na mesma hora ou que pedem reflexão para agir depois.

Quer passar algum ensinamento? Seja esperta, conte histórias, funciona muito melhor do que sermão.

Fale sobre o que você acha que ele precisa ouvir sobre sexo. Tire, de uma vez por todas, esse assunto da prateleira dos tabus. Aliás, chega dessa história de tabu, né?

Use a tática "dona Hermínia" para se posicionar com humor. Funciona tão bem!

Interesse-se pela vida dele. Vai levar porta na cara? Opa! Algumas (muitas) vezes, vai. Ele vai pedir para você sair quando estiver sentada na cama dele? Sim, mas não deixe de tentar.

Em casa, sem amigos por perto (óbvio), beije, abrace, coloque no colo, diga que ama. Escute o que ele tem a dizer (pelo amor de Deus, não perca esses momentos), relembre histórias da infância dele. Adolescente fala que não gosta disso, mas no fundo ama. Quem não adora um carinho e se sentir amado, não é mesmo?

Às vezes, a adolescência parece um bicho de sete cabeças? Sim, mas não tenha dedos para lidar com essa fase. O que eu quero dizer é: fuja de regras, de caixas. Você, do seu jeito, dará conta. Foi sempre assim, não foi? Por que agora seria diferente?

# O nosso amor

O amor que nasce da relação de uma mãe com o seu filho, é a coisa mais bonita que o mundo pode ver acontecer.

Não porque seja mágico, incondicional ou sobrenatural. Não é nada disso!

É bonito porque é tecido no ordinário, costurado nas miudezas, escrito nas entrelinhas.

Ele nasce dos olhares durante as trocas de fraldas, nas madrugadas frias alimentando seu filho. Nasce nas mãos entrelaçadas, quando o bebê começa a querer caminhar.

Ele nasce nas mãozinhas pedindo colo, e na calmaria, depois do choro sentido, que o seu filho encontra somente ali. Nasce na respiração funda, que exala paz e segurança, assim que ele pega no sono aconchegado nos seus braços.

É o amor mais bonito que o mundo já viu porque nasce do desconforto, dos desafios, do esforço. Bonito, porque segue sendo construído mesmo nos momentos mais difíceis das nossas vidas.

Bonito porque, independentemente das circunstâncias, é um amor que nunca desiste.

É construído em cima de suor, lágrimas, alegrias, suspiros, pausas, tropeços e nos maiores tombos.

Bonito, porque tem cheiro, cores, apelidos, sabor, toque, manias e memórias afetivas tão íntimas e profundas que são capazes de ficar impressas na alma.

Bonito, porque registra exemplo, oferece alicerce, conta uma história, deixa raízes.

Bonito, porque é humano, falho, real! Principalmente porque, apesar de não ser sobrenatural, mesmo quando as luzes se apagam, mesmo quando a gente vai, ele fica!

# Topo

É o lugar onde a gente respira e inspira profundamente, se liberta!

É espaçoso! Tem tranquilidade, maturidade e muita água fresca!

É alto, bem alto. A vista é linda e tem brisa fresca.

Tem céu azul e um pôr do sol de tirar o fôlego.

Lá, as lágrimas correm pelo mesmo rosto que escancara um sorriso de paz, no momento em que, enfim, se percebe que, quanto mais os filhos crescem, quanto menos são nossos, mais os amamos! Ali, a gente conhece o ápice desse amor, o mais bonito. É surpreendente! Tão bom de sentir...

Lá, no topo da montanha, observando todo o caminho percorrido, sentimos um baita orgulho deles, e da gente também.

Fontes  HARRIET, BROWN
Papel  PÓLEN SOFT 80 G/M²
Impressão  SANTA MARTA